現代菲律賓政治的起源

從殖民統治到強人杜特蒂，群島國追求獨立、發展與民主的艱難路

江懷哲——著

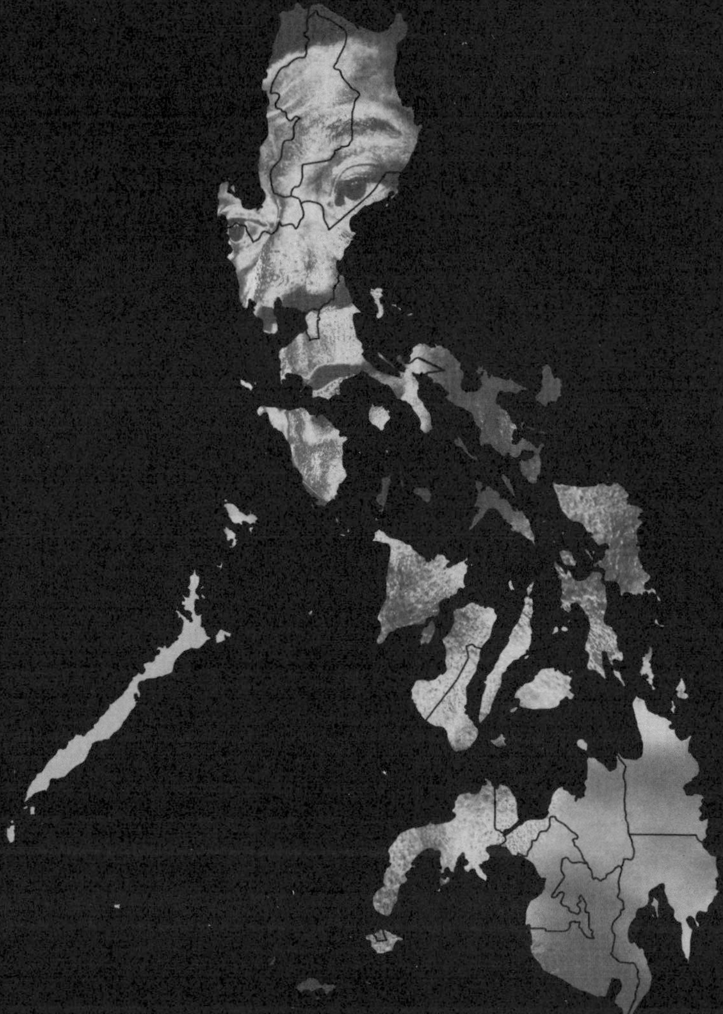

謹以此書獻給我的雙親

「不知如何回首來時路的人，永遠不會抵達目的地。」

（He who does not know how to look back at where he came from will never get to his destination.）

——荷西・黎剎（José Rizal）

中國
台灣
0 50 100 150 200 250 300 km
0 50 100 150 200 250 300 mi
南中國海
菲律賓海
呂宋島
奎松市
馬尼拉市
民都洛島
薩馬島
班乃島
巴科洛德市
宿霧市
菲律賓
公主港市
巴拉望島
卡加延
德奧羅市
蘇祿海
民答那峨島
達沃市
三寶顏市
聖托斯
將軍市
和魯市
斯里巴加灣市
汶萊
西里伯斯海
馬來西亞
印尼

目次

推薦序

北赤道洋流上的島嶼共和國：多元勢力的糅合與自我抉擇

楊昊（國立政治大學東亞所特聘教授、台灣亞洲交流基金會執行長）

《現代菲律賓政治的起源》（以下簡稱本書）是近十年來台灣東南亞研究學界（特別是年輕學者耕耘菲律賓研究）的難得佳作。本人大力推薦，值得細讀，也由衷感謝左岸文化對於出版本書的大力支持。

以「起源」為名的著作很不好寫，內容若是太厚重、難消化難以爭取廣大的讀者群；論述分析太過單薄又撐不起來所謂「起源」的探索。我對於作者有勇氣以起源為名切入探索菲律賓的前世、今生與未來甚為感佩，有幸預先閱讀本書後，我深深感覺到作者在撰寫本書的同時，頗有向美國歷史學巨擘、著名社會學家巴林頓・摩爾（Barrington Moore）的巨作《專制與民主的社會起源：現代世界形成過程的地主和農民》（*Social Origins of Dictatorship and Democracy: Lord and Peasant in the Making of the Modern World*，這本書主張中產階級的壯大是民主得以存在和發展的條件）致敬的意味。

本書的副標題「從殖民統治到強人杜特蒂，群島國追求獨立、發展與民主的艱難路」，貫穿時空場景、涵納多樣議題與核心關注的巨作，很難想像這是一本由二十七歲的年輕學術新秀的大作。儘管作者相當謙遜地多次向我表示，本書其實是他持續探索菲律賓樣貌的嘗試，但能將自己多年來投入東南亞區域研究的成果轉譯成完整的專書，實在不容易。

在台灣，研究菲律賓的學者並不多見，特別是在政治學與社會科學領域，寥寥可數。主要原因可能有三：其一，區域研究的知識累積與知識生產並不討好，其重要性在歐美主流社會科學或政治學中的評鑑制度中往往被輕忽。其二，區域研究的耕耘要長時間培養，寫一篇文章要花許久的時間，一本專書的成書更是曠石費日。其三，研究者除了要「持續」充滿熱情、不計成本地燃燒熱情且有志投入，還要與時俱進地掌握當地的情勢與社會政經脈動，才能淬鍊出擲地有聲的研究成果。

本書以三個部分構成，包含了製造菲律賓（也就是菲律賓之所以是菲律賓的歷史淵源），打造共和國（也就是菲國歷經威權政治與民主化的糅合與掙扎）、最後以煉成杜特蒂為收斂（也就是刻劃強人與後強人時代的菲律賓可能會怎麼走）。近十萬字的內容深入淺出地呈現出菲律賓之所以為菲律賓的前世、今生與來世，同時也形構了更多淺層新聞現象以外的細節認識。對菲律賓有興趣的讀者而言，這是一本必讀的導引，從作者娓娓道來的敘事功夫中，一方面可掌握菲律賓的發展脈動，另一方面也可觀察到社會科學因果關係的推論路徑。

相遇：作者懷哲其書與其人

我特別推薦本書的前言，文字饒富情感，充滿畫面，作者與本書的主題初次相遇在菲律賓，因為身在其中，所以感同身受，多年的追蹤熱情轉換成書寫群島國的動力。相較於作者與菲律賓的相遇，我與作者的相遇則是在課堂，本書作者懷哲極其特別，是台灣學界從事東南亞研究新生代的代表性人物，也是眾多人關注且期待的大物級新秀。懷哲曾在大學時期上修我在東亞所所開設的碩博合開課程，當時即展現出過人的企圖心與堅實的推理及分析能力。隨後，我們在他前往美國加州柏克萊大學訪學的期間重逢，欣然得知他在美國期間精進不少。在懷哲訪學完成回國後，我所服務的台灣亞洲交流基金會有幸可網羅懷哲加入研究規劃部，他旋即成為我的同事與工作上的得力夥伴，一起為台灣的新南向政策的研究及推廣積極努力。隨後，懷哲規劃負笈英國劍橋大學，攻讀政治與國際關係碩士學位，我也有幸為其精修一封推薦函（這也是我寫過最長的推薦信）。儘管歷經新冠肺炎威脅，他仍然完成嚴格訓練並在短時間內成功地取得碩士學位。

一位熱愛東南亞研究的年輕學子，在台灣學界與美英頂尖大學接受學術訓練，同時在國際上具代表性的先導型政策智庫歷練多年，具有對區域情勢的敏銳觀察力與學理分析能力，更難得的是，歷經智庫與政策圈的歷練，懷哲更具備了寶貴的政策洞察能力與分析專長。我一直知道他有寫書的宏願，但能在短短時間內完成理想，而且理想展現出他受在台、美、英的學術訓練與國際間重要智庫的歷練，真的很不容易。我有幸能先拜讀到本書，甚感振奮，也很榮幸為懷哲的第一本專書作序，也殷切期盼他未來會持續筆耕，也盼我能有幸持續推薦之。

在內容安排方面，本書以菲律賓自殖民時期以降的政治發展為敘事軸心，從群島共同體朝共和國轉進的歷程中，菲律賓面臨到來自國內外的各種挑戰，第一部分的兩個專章涵蓋了西班牙與美國殖民下的菲律賓圖像，看似就不同的被殖民過程獨立敘事，但目的是凸顯菲律賓歷史的命運多舛。本書的第二部分以打造共和國為主題，條理分明地菲律賓國家建構過程的努力與「奮起」，當然，其中經歷了多個強人政治時代的轉進與民主挫敗，懷哲的分析順勢帶出了菲律賓強人眼中的國家治理藍圖與發展願景，這也清楚地反映了菲律賓這個國家與其人民的自我抉擇。藉此，第五章的民主化的期待與失望可說是打造共和國體制與過程的一個暫時註腳。第二部分的精采場景是政治角力過程中的吉光片羽，有奪權爭鬥、有各自盤算的對抗與妥協，當然也刻劃出民主化在亞洲國家（或歐美原型之外）的極限。我個人特別喜歡第三部分的敘事，儘管是以民主化的前行、轉進與挫敗為主調，但敘事脈絡中也順勢鋪陳了各個菲國總統的權力光譜，對應民主化過程，有的叱吒一時、有的充滿爭議、有的被淡忘、有的提前跛腳。懷哲對歷屆領導人的敘述有自己一套具說服力的定位與分析，特別令我印象深刻的是他對於奎松的定位：

> 即使是野心與理想兼具的強人奎松，在面對勢力盤根錯節的地方豪強時，大都只能透過利益輸送、私下談判、職位安排等手段對地方豪門軟硬兼施，無法刨除地方分據的政治地景，只是暫時「管理」與「利用」而已。這樣的侷限性，以及終究不願與菲律賓豪強精英階層撕破臉的心態，導致奎松

無力推動對菲律賓經濟、社會發展實屬必要的深層土地改革——地租繁重的貧窮農民仍無力脫困，而需要通過來協助他們的土地改革，擺脫不了地主家族的卡關阻擋或鑽漏洞。

短短幾句話，清楚地展現出懷哲對於菲律賓家族政治與潛規則的深刻了解，類似的分析對有志探索菲國領導人的讀者而言，有極為重要的指引意義。

本書的寫作方式充滿文氣，特別是對於「共」的概念的多樣呈現，其中包含了島嶼共同體、革命與帝國主義的共謀、共和國的追求歷程等，這些力量的共構與相互糅合打造出獨一無二的菲律賓國家、政體與社會，呈現出人民的集體自我抉擇過程與結果，同時也造就了杜特蒂這個當今大權在握的政治強人。

我眼中的菲律賓：撞擊、交集與糅合共構而成的島嶼共和國

如果這篇推薦序可以為這本書進一些貢獻，我想以三種糅合及糅合後的共構來呼應本書的三個部分，也就是菲律賓的前世、今生與來世。

北赤道洋流由美國流向亞洲大陸，撞擊到菲律賓後，往北成為黑潮，往南則成為赤道逆流。地理位置與洋流的撞擊，迸發出三種交集後的糅合，為洋流路徑上的島嶼共和國醞釀出豐富的歷史與人文地景，同時也造就了許多精采的發展故事。

第一種是為西方與亞洲的糅合，洋流的襲來也帶來跟隨地圖記錄探險前行的商船隊與殖民者，造訪了這個陌生的島嶼國度，無論是神秘的伊斯蘭世界還是中國商人，他們在菲律賓早期的原生社會中以蘇錄蘇丹國留下了許多印記，相較於斑駁的亞洲記憶，來自歐洲與美洲的西方人則帶來了嶄新的宗教與政治體制，也持續落腳在地尋找新的希望。從十六世紀末到十九世紀末，這一留就是三百二十年。而這也是本書第一部分涵蓋西班牙與美國殖民對於菲律賓歷史發展與社會記憶糅合的第一重共構。

第二種則是民主與威權的糅合，菲律賓被稱為亞洲的民主櫥窗，因為美國帶來民主體制，為群島共和國的政治發展建立了具有西方元素的治理藍圖。然而，民主櫥窗並不是順遂前行的民主範本，公民社會的民主改革力道與一再出現的威權強人的糅合，讓菲律賓的民主化快步前進、再轉進看似停滯的迴旋、甚至倒退。這些由民主與威權共構或共譜的步伐彌足珍貴，因為菲律賓作為民主櫥窗不只在過去被視為是亞洲國家政治發展與革新的借鏡，到了今天也是不少亞洲國家邁向後強人時代持續壯大國家發展願景的重要參照。

最後，第三種糅合則是進步與停滯的糅合。極具爭議的杜特蒂執政時期最重要的口號是「建設、建設、再建設」，目的在推動大型基礎建設計畫，進而促進國家經濟的再進展。這是杜特蒂為菲律賓譜寫的進步觀。相較之下，他對人權與自由的倒行逆施，也讓許多公民社會領袖與人權倡議組織失望透頂，認為杜特蒂對於人權的漠視，使得菲國民主自由的前行腳步停滯、甚至倒退，隨著自由度的下滑，菲律賓社會看似陷入民主停滯的困境。

前述三股力量的妥協就在島嶼共和國成為今日菲律賓之所以為菲律賓的養分，同時也成為這島嶼故和國在前行過程中的三重連續十字路口，在每個關鍵轉折與時間點，菲律賓從國家到人民都在進行抉擇，儘管過程艱辛困難，但成果都是集體意志的展現。我相信，不只是前世及今生，菲律賓的未來也將脫離不了這三股力量的糅合與共構，特別是即將到來的強人之後的後杜特蒂時代。正因為如此，本書的敘事與分析對於我們深度理解菲律賓更是重要。

從菲律賓在台灣看台菲關係

台灣人對於菲律賓的認識多半從新聞媒體的淺層報導取得，近十年來最受矚目的焦點是二〇一三年爆發的廣大興事件，一度引起台灣社會對於菲律賓的仇視。人們對於這個離我們很近但總覺得陌生的鄰居充滿問號，殊不知早有許多菲律賓人民長年居住在台灣，包括在台北市精華地段也有自己的生活圈。如果我們在週日上午漫步於綠意盎然的中山北路，接近以聖多福天主堂（St. Christopher Church）為中心的區域，將很容易望見前往參加彌撒的菲律賓移工朋友，週日的聖多福教堂不只是信仰中心，其周邊也成為台北市區內的菲律賓人文地景與生活聚落。

聖多福天主堂的司鐸艾德華神父曾熱情地告訴我，他在讀小學的時候，學校發起捐款活動，一位同學捐助一披索，協助台灣的學童讀書。自去年起，我也很榮幸代表台灣亞洲交流基金會協助台北市靜心小學四年級的五位同學團隊實踐深具意義的「五個夢」計畫，藉由募集防疫所需物資，捐助給前來台灣協助我國經濟發展與社會穩定、但因為遭遇新冠肺炎疫情而無法返鄉照顧家人的東南亞移工朋友。他們成功地募集了兩萬五千多個口罩與相關防疫物資，分享給在台灣的東南亞移工朋友，這些同學的夢想是希望能喚起台灣社會對於外籍移工的重視，特別是關懷他們深受疫情衝擊所面臨的各種挑戰，透過資源分享讓他們可以安心留在台灣，也可將所需物資送回家鄉給需要的家人使用。同學們很客氣地說他們的夢想很微小，但我深刻感覺到台灣年輕一輩的宏大志向與人道關懷。

無論是菲律賓神父或台灣的小學生跟我分享的故事與片段，都在在說明了亞洲國家應該互助合作，共同挺過急遽擴張的全球傳染病與即將步入疫後復甦的未來需求。台灣與菲律賓以及鄰近亞洲夥伴國家選擇合作而非仇視彼此，才可以促進善的循環，就此，從「台灣可以幫忙」（Taiwan can help）的期待到「台灣正在協助」（Taiwan is helping）的具體實踐不會只是口號，這其實已經在我們社會的許多角落發光、發熱。台灣與菲律賓同為島嶼共和國，若我們可以更了解我們的鄰居（特別是菲律賓），我們將能開展出更多深具意義、對國家有利、對人民有益的夥伴關係與合作實踐，而懷哲的大作《現代菲律賓政治的起源》正是促進雙向了解一個很棒的知識起點（intellectual starting point）。

前言

這本書的起源，要回溯至我二十歲的夏天。

那年夏天，我第一次踏上菲律賓共和國（Republic of the Philippines）的土地。這個僅與台灣隔著巴士海峽的東南亞國家，是由七千多座島嶼組成的群島國，但大部分台灣人除了對這發展中國家有「外籍幫傭」、「長灘島」、「水果」等少數模糊印象以外，基本上是非常陌生的，連我自己也不例外。

我與菲律賓的初相遇

當時我之所以會去菲律賓，是因為申請到學校的補助，正準備來該國首都馬尼拉一個非政府組織實習。儘管一開始就遇到了飛機延遲起飛兩小時的小小不順利，但第一次一個人出國，而且至少要待一小段時間，內心還是既緊張又期待。一下飛機沒多久，這陌生國家的一切就吸攫獲了我的目光，引起我內心各式各樣的好奇。譬如從尼諾．艾奎諾國際機場（Ninoy Aquino International Airport）搭車往住處的路上，我望著車窗外暗暗的大街小道，一邊觀察各處聚集或稀落的人群，一邊想著這些大道明明

不塞車時的卡蒂普南大道。（作者攝）

有那麼多街燈，但為什麼有那麼多燈是不亮的？

後來我才了解，雖然馬尼拉貴為首都，但它現在還是將「十天內修好主要幹道壞掉的路燈」列為待達成的目標，而我居住的首都區奎松市（Quezon City）也有許多暗處因欠缺照明而成為治安死角。菲律賓各種治理議題，勾起我相當大的興趣，比起長輩們總愛說的「以前菲律賓是亞洲數一數二的富裕進步，後來卻敗掉了……」的警告或刻板成見，我更希望自己是親自動手尋找答案。

在實習的兩個月裡，我與幾位菲律賓室友同住在卡蒂普南大道（Katipunan Avenue）一棟略舊的大樓裡，每天起床和睡前都可望見窗外壅塞的車流，白天時汽車排放的廢氣讓空氣顯得總是霧濛濛的，晚上又會變成一條不見終點的紅白車燈河流。我偶爾會逛逛對面的馬尼拉雅典奧大學（Ateneo de Manila University）、菲律賓大學迪里曼分

都會區最敏捷的交通工具就是三輪車。（作者攝）

校（University of the Philippines Diliman）及其他地方，也享受著待在住處的時間，讀著我從各家書店蒐買來的菲律賓政治歷史主題書籍，我實在太想理解我現在身處的這個國家是從何而來，經過了什麼，而又如何成為今日的樣貌。

那時我常對朋友說，若去的國家太喜歡或太不喜歡，都不是件好事，太喜歡就可能淡淡當個美好經驗過去了，太不喜歡則可能厭惡到不再去想；對當時的我來說，菲律賓就是個複雜的謎團，同時有著我喜歡與不喜歡的地方，不但帶給我挑戰，也帶給我歡樂，不斷吸引著我繼續了解和認識它。

在此過程中，我的實習長官和同事都非常照顧我，不但在休假時帶我去本地樂團演場會、職業籃球比賽、重點古蹟（如我去了好幾次的王城區）等，還介紹我嘗試各式菲律賓食物——直到今日，菲律賓小吃店的名餚鐵板豬內臟（Sisig）

馬尼拉地鐵。（作者攝）

仍舊是全世界我最愛的食物之一，我到其他國家見到菲律賓餐飲店時一定優先點這道菜。

除了待在馬尼拉，實習的過程中我也有機會踏訪馬尼拉以外的其他學校，放假時也被朋友邀請去其家鄉省份遊歷參觀。我想我對菲律賓會有這麼深厚的感情，菲律賓人的溫暖好客一定是主要原因，他們從不虧待客人，不怕生也很願意暢談交流，對我各式各樣的菲律賓社會與政治問題總不厭其煩地回答，甚至會引介他們的人脈給我——對於這一切，我內心總是懷抱著最深的感謝，感謝菲律賓的朋友介紹我認識他們的國家。

認識與書寫群島國

帶著這樣的菲律賓初體驗，回國後我一直念念不忘，其後參與撰寫科技部大專生論文計畫時也選擇以菲律賓外交政策為題，希望更深化對這

搭乘菲律賓中部、班乃島（Panay Island）的長途巴士。（作者攝）

國家的了解。幸運的是，後來這篇論文獲得肯定，得到了二〇一六年台灣東南亞區域研究年度研討會「新生代論文獎」。在這時期我一邊持續強化自己對菲律賓的認識，一邊逐漸有機會於台港兩地媒體撰寫菲律賓與東南亞題材的報導評論，因此認識了許多關注菲律賓與東南亞的同好，大家會一同聚會討論並辦理講座活動。我對自身和菲律賓的緣分越來越深感到開心。杜特蒂執政後，我申請到經費再至菲律賓做採訪，還在赴美國加州大學柏克萊分校（University of California, Berkeley）公費交換時開始準備撰寫這本書。當時該校圖書館豐富的相關館藏對我助益良多，在該校歷史系、政治系修課時我也開拓了理解東亞／東南亞地區政治發展史上的新視野，這些收穫都成了這本書的重要養分。

然而，後來讓我下定決心完成本書的原因，除了龍傑娣總編輯的支持外，最主要還是因為被媒體標籤為「民粹」、「強人」、「鐵腕」的羅德里戈・杜特蒂（Rodrigo Duterte）當選總統後，這幾年菲律賓社會的衝擊變化。對我來說，這些改變並不只是新聞上的各種事件，而是我從菲律賓朋友身上觀察到的實際經歷，特別是他們處於這新政府下的各種掙扎與反應。有的朋友天天在社群媒體上分享反杜特蒂的貼文，擔心可能重返威權統治，並表達不認可造成數千人喪命的毒品戰爭；有朋友的挺杜特蒂同事，其親戚命喪毒品戰爭法外處決後，害怕得不想再過問政治；也有朋友向我嚴肅地表示，以前的政治菁英都太軟弱了、民主無法解決菲律賓的問題，而杜特蒂的鐵腕治理與毒品戰爭是必要之惡。他們大都出生中產階級，過去的政治理念很難稱得上是天差地遠，然而杜特蒂的橫空出世確實激化了不少人，讓不少關係生變。這個國家究竟是如何走到這一步？儘管有這麼多的血腥痛苦，為何仍有如此多菲律賓人願意咬牙，甚至心甘情願的繼續支持杜特蒂？我內心納悶著，也不斷閱讀與思考，希望尋找到令人滿足的答案。

值得強調的是，這不只是我個人觀察到的一小群人現象，許多學者也討論過，這種社會既存共識的變動裂解，就是菲律賓過去幾年的現實：一方面有主流菲律賓民眾人持續支持杜特蒂及其施政，讓他高民調表現持續不墜，但另一方面也有不少菲律賓人抵死不從主流對杜特蒂「暴政」的默許，將此視為馬可仕（Ferdinand Marcos）後菲律賓最嚴重的威權威脅。沒有人對杜特蒂執政前的菲律賓有過多浪漫化的懷念，但其諸般爭議性的政策操作，不但造成民意分歧，也引起政治動盪，以及菲律賓社會各種劇烈的轉變。面對台灣南方鄰居如此翻天覆地的變化，到底該如何全面地理解杜特蒂總統所帶來諸多爭議性的現象，及其起源與發展過程？究竟是怎樣的歷史與政治、經濟、社會結構塑造了現代菲律賓，還提供了杜特蒂當選且民調持續居高不下的條件？這種從根本爬梳起的討論，正是我撰寫本書的目標，而我也希望藉由好好梳理菲律賓政治發展的過去與現在，讓讀者對於群島共同體的前世今生有更深刻的認識，進而鋪墊出我們對杜特蒂必須要有的脈絡化理解。

本書架構

本書雖有少數段落綜整並引用我過去的評論，但絕大多數是全新的內容。在內容安排上，主要側重菲律賓自殖民時期以降的政治發展，一路從西班牙時期、美國時期談到獨立後的菲律賓共和國，看其波折不斷的命運，及民主化後的各樣新舊挑戰，最後總結於杜特蒂時期的尾聲。我希望透過這樣的深度歷史溯源，讓讀者們對於杜特蒂的崛起與執政，有更多淺層新聞現象以外的全盤認識。

儘管本書採取類編年史的順時敘說，但仍有其核心論述軸線——菲律賓在殖民時期逐步確立「強地方、弱中央」的政治結構，但由於其助長治理弊病，並妨礙重要的變革，而導致菲律賓民眾心生不耐，進而形成民粹政治或威權鐵腕的根源。在菲律賓脈絡下所謂的「強地方、弱中央」，意指在不同省份、城市擁有顯赫影響力，財富源頭可能來自土地或實業，政治權力則可能源自殖民者拔擢或亂世戰功的各個豪強菁英家族，他們不但壟斷該地地方政府重要的政治職位，還藉由選舉進入菲律賓國會來影響全國政策走向，以至於無論誰想當總統，都需適度攏絡他們來確保選票。而且，無論誰成為總統，為維持執政穩固，都難以推動損及各地豪強菁英利益的政策和法案，即使這些政策和法案對全菲律賓福祉有益。

正因為如此，我們可以看到厭倦豪強菁英政治人物怠慢於變革、甚至助長社會經濟僵局的菲律賓選民，在一個個時代中擁戴美國殖民時期的國族主義強人奎松（Manuel Quezon）、獨立初期的出身平民、強硬反共麥格賽賽（Ramon Magsaysay）、從事戒嚴統治的馬可仕、民主化後的著名民粹政治人物埃斯特拉達（Joseph Estrada），到今日聞名全球的杜特蒂，希望他們坐上政壇最高位後可以大破大立。就此而言，杜特蒂現象並非菲律賓政治史上的特例，甚至就某方面來說，他只不過是又一個菲律賓民眾在絕望中選擇寄託希望的新對象而已。

然而，「歷史不會重演，只是會押韻。」縱然依稀相似，過去與現在總是有所不同。杜特蒂現象確實有部分只是菲律賓的政治民意鐘擺，再度由渴求良善治理的那端，倒向了速成爆破的這端，然而我們也應該理解杜特蒂的勝選與高民調執政，仍然是菲律賓眾多政治、社會與經濟趨勢長期積累的當代成果，有其屬於此時此刻的獨特性。因此，如何綜合運用「鐘擺來回的尋常性」與「直線演進的獨特性」這兩種對菲律賓政治發展的詮釋路徑，也是本書需慎重應對的重要課題。

以下先概述本書要點，供讀者參照：

首先，我們將在書中看到，西班牙時期確立的鬆散政治結構，如何在美國殖民民主的實踐中被保存了下來，而其土地財富逐漸鞏固於各地方豪強菁英手中。民主提供了菲律賓民眾表達意見的機會，讓他們得以逐漸擺脫殖民者的獨斷管理，但也給予本地豪強菁英控制國家政治權力的管道，而創造出菲律賓不斷循環鞏固的「強地方、弱中央」的政治結構。面對核心權力仍掌握於美國人手中的現實，本地菁英希望確保自身利益不被外人騷擾和管控，因此反對多數可能撼動這政治結構的集權變革；然而，這種政策態度並不會與他們的國族主義意識有所衝突，但因抗拒根本性的土地改革，會持續造成菲律賓農民的痛苦，因此未來促成許多各界菲律賓人走上革命之路，譬如成為共產黨人。

隨著一九三四年美國國會通過《泰丁斯—麥達飛法案》（Tydings–McDuffie Act），菲律賓開始邁向更深度的自治，因著這個趨勢，中央—地方的抗衡關係也逐漸由外國人—本地人，轉變成為菲律賓人內部的政治鬥爭。也就是在這時期，我們看到菲律賓威權主義潛流的起源——其實不用等一九六〇、七〇年代的馬可仕，在當時美國殖民下的菲律賓奎松（Manuel Quezon）總統任內就已經現出蹤跡。從此時期開始到菲律賓獨立後，不斷積累的各項政治、社會與經濟挑戰，顯然需要強效政府破釜沉舟來應對；然而被豪強菁英把持的菲律賓政壇並不是變革的愛好者，也不樂見行政權出手干預他們政治地盤與地方私利，因此簡單來說，任何有心打破僵局的菲律賓總統，就任後都被迫面臨要隨波逐流、聽從結構規劃，還是要嘗試把握權力、重整官僚機器來做出一番事業的選擇。

這樣的選擇本身不總是指向威權統治，但確實在部分菲律賓政治人物與耐心漸失的民眾眼中，只有鐵腕威權才能打破當前的僵局。這樣的政治土壤，創造出馬可仕總統於一九七二年宣布戒嚴的條件。當時許多民眾一方面憂懼於共產主義勢力所帶來的顛覆性破壞，另一方面也不滿舊有勢力的保守顢頇，因此願意默許馬可仕威權統治的正當性，而南韓、台灣等亞洲近鄰成功的威權發展模式也給了他們信心與期待。只是當馬可仕政權在經歷幾年不錯的經濟表現後，不但發展政策開始挫敗，還帶來了各式各樣驚人的貪腐醜聞與人權侵害，其支持度就在一連串的政治經濟危機下快速消退，被一九八六年的軍方政變與「人民力量革命」（People Power Revolution）先後擊潰而下台。

與馬可仕相較，新上來的民主化政府或許正確地體認到民眾對「自由」和「民主」的渴望，並努力給予保障和滿足，但他們卻無力避免舊有勢力復辟。菲律賓舊日的社會經濟僵局回歸了，不只馬可仕土地改革不再有強而有力的後續推展，就連菲律賓的貧富差距也未跟著經濟發展而獲得明顯的改善；再加上連續不斷的政治風暴與貪腐醜聞，以及總體經濟發展和個人生活改善間不斷擴大的落差感，許多菲律賓民眾又開始渴望強人出現以打破僵局，而且因親身經歷他們眼中毀譽參半的民主化，這次他們對於強人的期待是格外的強烈。杜特蒂於二〇一六年的出馬競選，正好滿足了許多菲律賓人心中這份或隱或顯的期待，只是其六年執政雖透過維持承諾的直白鐵腕而獲得民眾持續擁戴，但實際經濟發展成績最終不如其所宣稱的那般優異，反而受全球疫情影響而節節敗退。

展望未來，面對二〇二二年五月即將到來的菲律賓大選，我們一方面好奇下一位總統是誰，另一方面也透過爬梳菲律賓政治演變的過程，對其歷史際遇有更深刻的理解，而更加期待菲律賓未來的獨立、民主與發展之變化。

總體而言，本書致力於提供一個較新的菲律賓政治發展分析框架，希望挑戰過去部分文獻對該國政治史過度簡化的論述，並帶出探討杜特蒂時必要的歷史縱深，藉此與我們理解其任內各種菲律賓時事動態相佐。本書不願意被菲律賓左右翼的官方神話所收編，也不信服半虛半假論證堆砌而成的修正論述，將力求嚴謹分析，並拷問過去那種切半二分、輕易善惡的標籤，盡量讓更多元的事件圖像呈現出來。畢竟完整而細緻地認識歷史演進，不但對我們理解近年來杜特蒂的崛起與執政至關重要，也將增進我們對於菲律賓未來可能走向的敏感度。

思索歷史，努力未來

最後，希望透過本書認識菲律賓的讀者可以更加意識到，簡化粗暴的黑白解釋或許一時吸引人，但無法讓我們夠深刻地認識一國的歷史與政治，也對我們挖掘重要的底層現象助益有限。面對過去發生的一切，無論是在台灣或國外，我們都應該更謙虛，更努力體察各種複雜性，一如我們希望外國人怎樣對台灣。願意承認歷史的複雜性，並不代表我們即將喪失行動的意願與勇氣，或沒了是非對錯判準，而是我們希望所有堅持的價值理念，所有下的判斷，都是源自於對現實的認真思索，而不僅僅是理論上的教條信仰或一廂情願。我始終認為這樣得來的堅持，能更禁得起各時代的考驗。

同樣的，過去是不斷纏身的幽靈，但現在與未來不該被當作舊日不可避免的產物——雖然人無法擺脫歷史，卻不應該成為歷史的奴隸；我們要有承擔歷史的肩膀，也要有在適當時機跳脫歷史的勇氣，去思考各種破除舊結構限制的可能。未來並非憑空而來，但若要說過去的一切已經底定了未來所有的可能性、限定了我們思考的路徑，那也是過於忽略人的能動性與創意了。昔日的包袱不是命運，而是挑戰，正如同儘管菲律賓仍面臨著盤根錯節的政治、經濟與社會困境，但仍有無數的菲律賓人願意一邊面對著歷史的教訓與限制，一邊前仆後繼、不放棄地在各個領域追求著更好的國家與社會。

我見過他們之中許多人。

他們有著各式各樣的神態與追求，生活在世界的各個不同的角落，但遇到時每個人對菲律賓的深厚感情都讓我感動，當他們分享對國家未來的擔憂與期許時，也總讓我在聆聽時為之動容。這是拒絕向宿命論低頭的人民。台灣與菲律賓的挑戰不盡相同，然而同樣作為非西方社會的成員、土地上同樣經歷過各種痛苦過去的東亞一份子，我很高興這些年來我個人有機會更了解、更認識我們南方近鄰的故事，學習許多，在過程中也有幸邀請不少菲律賓人來一同認識台灣。希望未來還會有越來越多台灣人對菲律賓產生好奇與興趣，一同來加入這個行列。若本書最終能對這目標有一點小助益，那我就心滿意足了。

最後向一路上協助、啟發我的師長、先進與朋友表達最深的感謝。撰寫本書的過程中，時常感到自身的不足，若沒有站在前人與師長的肩膀上，沒有各方先進、友人的指導與提攜，我是絕對沒有辦法完成這本作品的；大家給予我的勉勵，也始終是我前進的重要動力。然若讀者在書中發現有錯誤缺漏之處，由身為作者的我承擔所有缺失，還請各位讀者不吝賜教指正，非常感謝。

第一部

製造菲律賓

第一章　西班牙人形塑的群島共同體

任何試圖理解現代菲律賓「強地方、弱中央」政治結構如何成形的努力，都必須溯源至西班牙殖民者耗費數百年形塑的治理體制與地理空間。

弔詭的是，正是西班牙殖民帝國力有未逮、人力和物力不足，最終奠定了菲律賓群島鬆散政治權力的基礎，而這結構在後來的菲律賓史中不斷妨礙體制內的重大政治變革、創造社會經濟僵局，使菲律賓民眾更願意給予各樣非典型政治人物與激進提案機會，包含杜特蒂在內。杜特蒂的當選與執政，並不只是偶然或怪異，這包含他被眾多菲律賓選民投射的期待、賦予的定位在內，很大一部分都是這歷史格局的產物，而唯有透過認識過往的脈絡，我們才能對當前菲律賓發展有更全面的理解。

現在，就讓我們回到數百年前的菲律賓群島，看當時西班牙殖民帝國與各方勢力、全球經濟的複雜互動，如何讓本地人逐漸萌生自主國族意識，進而無意間創造出現代菲律賓政治賴以生長的背景結構。

西班牙帝國的進占與扎根

「菲律賓」此一地理空間的成形，是西班牙人十六世紀來到這群島後才逐步確立的。在此之前，這七千多座島嶼並不自成一個實體，而只是整個東亞海洋世界中一個個附屬區塊。其零碎地理上也沒有大型中央集權國家的傳統，而是點綴著無數個名為「描籠涯」（barangay）的人群聚落。這些聚落人數從數十人到上萬人，地理分布位置大多在河旁海邊，彼此間以貿易來獲得所需。

各個聚落多由集政治、軍事、司法等各種職能於一身、只在自身階級內通婚的達圖（Datu）擔任最高領導人。達圖們不但穿著不同，有些還會有特殊紋身，日常所需則由聚落居民上貢物品來支應。在達圖下面有武士貴族階層擔任其親近的顧問、護衛、隨從等職務，與達圖們一樣，這些武士貴族在群島大多數地方不需參與農耕粗活。最後，在上述兩階層的下面的是一般的聚落成員，他們從屬服從於達圖，從事各種農漁工作，與上述兩階層形成互相依賴從屬的社會階層體系。

儘管各聚落間的往來程度，與今日世界交流密切的程度差異甚大，但戰爭與貿易活動仍帶來各種頻繁的互動。有時聚落間會合縱連橫地爭奪物品與人員，有時彼此交易自產作物與物品，也會與海外地區交易瓷器、樂器、絲棉等產品。這些貿易活動不但豐富了聚落們的物質生活，帶來更多元的經濟活動與致富機會，也讓這些聚落與外部更廣大的世界產生連結。與中國的朝貢貿易，讓有組織和資源能力與這亞洲帝國交往的聚落之實力更加提升，透過信奉伊斯蘭教，讓有些聚落與廣大穆斯林的貿易網絡緊密連結，快速累積富裕。總體而言，這些外部連結，讓群島內有些聚落開始在物力、人力、軍力方面展現更突出的實力，而他們的達圖也因此擁有更多可支配的資源與權威。

一五二一年，為西班牙效力的探險家麥哲倫（Ferdinand Magellan）在進行環球航海的創舉時，中途經過現今菲律賓中部一處島嶼。此舉象徵西方勢力正式進入這個群島，西班牙人以王子腓力、後來的腓力二世（Philip II of Spain）之名，先將此群島命名為「菲律賓」（Las Filipinas），後來逐步透過武力征伐進占宿霧、馬尼拉等地，並公告後者為此殖民地的首都。對許多聽過父祖輩「再征服運動」（Reconquista）、將穆斯林摩爾人逐出伊比利半島故事的西班牙人來說，打倒並將眼前這些不信者（有些還是穆斯林）改宗，就是他們這世代的再征服運動。

當西班牙在菲律賓展開殖民統治時，他們手上僅有約兩千名士兵的軍隊，卻要來統治這廣闊無邊的群島。困難的任務也代表他們從一開始就注定必須在資源運用及策略規劃上有所創新。對不同聚落的聯盟合作與分化擊破，讓他們逐漸擴張勢力範圍，而其採取的「集中安置」（reducción）政策，則將原先各自散落分布的聚落合併移置到較易管理的地區，及進行新城鎮的規劃和建造。儘管有些不願服從的聚落選擇遷移逃離至更偏遠或山上的地方，而南方大島民答那峨島大體上還是在能控制的範圍外，但西班牙人透過各種軟硬兼施的治理技巧，仍大致鞏固了他們在菲律賓的統治。

這些新建立的殖民城鎮，除了讓各天主教修會更容易對本地居民傳教，也讓西班牙殖民者得以更有效地掌握人口與課稅。在菲律賓殖民轉型的過程中，有些武士貴族階層因聚落間的戰爭銳大減而沒落，和一般民眾漸趨同一，但也有一些和達圖們在新城鎮裡獲得職位犒賞，一同成為所謂「普林西帕利亞」（principalia）的本地菁英群體。他們居住於城鎮核心的主廣場，以便於提供殖民政府與教會服務，並以此換取免服勞役及賺取油水的機會，並透過販賣、捐獻原聚落的共有土地讓教會鞏固自身政治和財富地位。因此，這些在地協力者是菲律賓殖民統治得以穩固的關鍵。

然而，在西班牙殖民菲律賓的過程中，扮演最關鍵角色的仍是各個天主教會修會，其中包含耶穌會、道明會、方濟各會、聖奧古斯丁修道會等。在占領菲律賓後，有功的士兵被分封土地，與開始在地方傳教的修會勢力各據一方。而其後修會扮演制衡力量，常舉報部分西班牙人對菲律賓農民橫征暴斂、魚肉鄉里，殖民當局最終以避免迫害本地人為由，將多數非修會人員逐出地方，其中不少人回到馬尼拉等都會區經商營生。此一政策的演進，使得天主教修會幾乎成為西班牙殖民體制在地方唯一的代理人。

因為修會努力傳教，天主教在菲律賓大為普及。儘管傳統信仰最終仍透過各種形式滲透進天主教的本地實踐而得以存活，但修會仍吸收了許多菲律賓民眾，而逐步確立殖民地的新道德體系。修會提供的不只是新宗教而已，他們也擔負地方教育的重要職責，然而其提供的課綱皆以天主教神學為主要內容，也刻意不教本地人西班牙語，以此作為一種壓制本地人反抗的手段。這樣的結果導致殖民當局被迫倚重會當地語言的各地修士，也讓語言眾多、跨距溝通不易的菲律賓群島只能繼續維持著一種鬆散的統治型態。「殖民」二字往往讓人對壓倒性的權力宰制關係

想像，然而比起一種鐵板一塊、均質穩固的疆界範圍，西班牙在菲律賓的殖民統治，在城市外更像是錯落鄉野的權力點線面，吃力且勉力地捆綁起殖民者在名目上對群島的全面管控。在這不上不下的局面中，修會的修士成為帝國統治的關鍵角色，逐步掌握影響力與廣大土地。

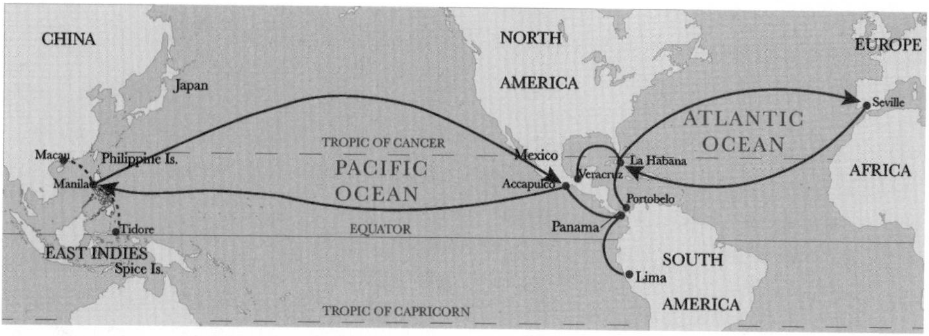

上：在西班牙如日中天時，曾挹注帝國大量財源的馬尼拉大帆船航線，主要航行於菲律賓馬尼拉與新西班牙總督區的阿卡普爾科（Acapulco）間，然後由陸路將貨物由太平洋移至大西洋邊，最後抵達西歐。
下：運貨至馬尼拉的中國大帆船。（Roger D. Morris 繪）

然而，西班牙人決定殖民菲律賓，不僅僅是為了傳教而已。在西班牙殖民時期前期，對帝國而言，馬尼拉大帆船貿易（Manila Galleons）是菲律賓群島最重要的經濟活動，為西班牙帶來巨額利潤。自十六世紀至十九世紀初期，大帆船從同為西班牙殖民地的「新西班牙」墨西哥出發，將大量美洲白銀帶到馬尼拉，與多半來自中國的商人交易絲綢、香料、瓷器、象牙等產品。得到這些珍貴的商品後，西班牙人將其以船運至墨西哥，再經陸路運至大西洋，最後重新裝上船輸往西班牙。然而在大帆船貿易之外，菲律賓本地的經濟發展乏善可陳，本地產品並未因大帆船貿易而獲益，農業收穫也僅供西班牙在此殖民統治的開支。總體而言，有大帆船貿易的菲律賓看似開放，內部發展卻是僵固封建——在土地方面，菲律賓群島的土地在名目上都為西班牙王室所有，而在移動方面，菲律賓居民離開自己城鎮甚至需要修士許可。

殖民地首府馬尼拉的繁榮與限制

從殖民首府馬尼拉的成形過程，我們可觀察到西班牙對菲律賓殖民力有未逮的事實。在有限的人力下，西班牙殖民者不僅無力占領南方民答那峨島及北方呂宋島山區科地雷拉（Cordillera），連馬尼拉的存活發展都得仰賴外人協助。

在十六世紀以前，馬尼拉是伊斯蘭世界網絡的一份子，與馬六甲、汶萊等穆斯林政體頻繁貿易往來，但在一五一一年葡萄牙人占據馬六甲後，馬尼拉與南海地帶與伊斯蘭世界貿易的連接路線便受到影響，其聲勢和影響力有了些許下滑。在這段期間，以菲律賓中部聚落宿霧為據點的西班牙人不滿於本地提供的糧食供應、港口位置等條件，於是在一五七〇揮軍占領馬尼拉。之後數年裡，馬尼拉的達圖曾幾度起兵反抗，過程中也要求南邊的汶萊、蘇祿等穆斯林盟邦前來援助，然而西班牙人也不是省油的燈，不但強力壓制，也揮軍攻打這些穆斯林盟邦，而逐漸鞏固他們對馬尼拉的掌控。

開始在馬尼拉發展的西班牙人雖破壞了其原來的伊斯蘭連帶，但他們卻未放過善用馬尼拉與中國既有貿易關係的機會。中國商人帶來交換墨西哥白銀的各種物資，讓西班牙人不虞匱乏，而這貿易的蓬勃發展，也讓自此輸往中國的白銀數量在一五八六至一六〇二年間增長了十倍。然而，這樣的繁榮也是有其代價，例如廉價中國進口品摧毀了本地製造業，也讓菲律賓經濟越來越仰賴大帆船貿易。大帆船貿易在菲律賓殖民地經濟的獨霸性，也讓中部大城宿霧與其他區域貿易中心的地位為之衰落。宿霧商人平常只能拿下馬尼拉大帆船的少數艙位，後來他們成功遊說西班牙王室重啟宿霧至新西班牙路線的大帆船，只是這路線只被允許運輸本地產品，而不能運送最有價值的中國絲綢。當這條路線再度關閉後，多數以宿霧為基地的西班牙商人便遷居馬尼拉，而使得宿霧的地位又進一步受挫。菲律賓各中心影響力的消長，最終造成了兩種效果：馬尼拉在西班牙殖民地的首府地位日益鞏固，但它同時也更被綁縛在西屬菲律賓的政治地理內，並更受限於它和西班牙全球帝國的經濟互賴關係。

不只在菲律賓群島，在西班牙全球帝國內，馬尼拉的崛起也帶來了巨大影響。當馬尼拉來的中國絲綢擊潰他們在墨西哥、格雷納達、瓦倫西亞等地的競爭者，西班牙政府也不得不出手干預市場，以避免經濟衝擊造成帝國核心地帶的社會動盪。馬尼拉作為「多元文化貿易城市」及「西屬殖民城市」

的雙重性格，其繁榮與限制都來自於在西班牙全球帝國中所扮演的角色。

然而馬尼拉與西班牙全球帝國日益密切的經濟連帶，並不代表單靠西班牙人就促成菲律賓這些轉變，中國人與日本人於殖民地的角色也相當重要。當馬尼拉的人口從一五七一年兩千人，成長到一六二〇年的約四萬一千四百人時，其中僅兩千四百人是西班牙人，其他則是兩萬名本地人、一萬六千名中國人及三千名日本人，這當中不包括季節性的商人與工人。與其說馬尼拉單純是座殖民城市，不如說它是近代早期重要的中日西交匯交流之處。

在城市地理上，西班人住在城牆內的「王城區」（Intramuros），而中國人、日本人與絕大多數本地人則住在「城外區」（Extramuros）。此一規劃源自於西班牙在美洲的殖民經驗，但由於西班牙在馬尼拉的軍事勢力更為貧弱，而且當地族群也比墨西哥市更為多元，因此城市地理的居住現實，遠比名目規劃上的更為模糊與複雜。西班牙語並未全面滲透進馬尼拉的日常生活，大都只在西班人及混血居住區內流行使用。

在馬尼拉，一個巧妙的族裔與國際政治權力平衡，對維繫殖民首府的運作居功厥偉。在中國人方面，西班牙人透過中國籍頭人及道明會管理中國人社群，而當暴動反抗發生，或西班牙人警戒心發作時，殖民當局就會透過驅逐出境或是血腥軍事鎮壓（有時與本地人及日本人聯手）的方式，讓中國人數減少至一定的量。明朝對於這些西班牙政策，基本上是抱持不聞不問的冷漠立場，無意出兵相援，更不想自己占領馬尼拉了。在日本人方面，這一切剛好相反，他們於馬尼拉的活動不僅肇因於對中國絲綢的需求，部分也是因豐臣秀吉及早期德川幕府的統治者，對促成一非中國中心的亞洲秩序的渴

1734年的馬尼拉地圖。

望，相關舉動如於十六世紀末幾度出兵朝鮮。豐臣秀吉曾於一五九二及一五九三年曾兩度遣使來馬尼拉，要求西班牙殖民當局上貢給他，而當菲律賓總督維拉斯柯（Rodrigo de Vivero y Velasco）在一六〇九年因船難滯留日本，前者也和德川家康商談諸多合作。然而自此開始，日本對於馬尼拉與西屬菲律賓的興趣及影響力便逐漸衰退了，主要是因為日本對基督教傳教士展開反制政策。德川幕府為逼走西班牙傳教士，最終於一六二四選擇和西屬菲律賓斷開聯繫，而使得往來菲律賓的日本人大幅減少。

好巧不巧的是，自一六三〇年起美洲白銀產量開始逐年遞減，馬尼拉也逐漸陷入經濟衰退，而與南方穆斯林社群的戰爭也燒掉大筆資金。菲律賓經濟下行、當局徵稅執行能力有限，不僅讓菲律賓總督科奎拉（Sebastián Hurtado de Corcuera）決定削減北台灣軍力，以減少相關開支，也促成菲律賓經濟從獨賴大帆船貿易，被迫逐漸自由化開放。然而，單靠西班牙殖民當局的緩慢變心還不夠，一場巨大的外力衝擊，將逼使馬尼拉及西屬菲律賓更快速的走向新時代。

殖民地菲律賓的緩步開放

雖然西班牙在名義上是菲律賓的殖民母國，其在群島有限的人力與資源布置，也讓西班牙越來越難以抵禦覬覦馬尼拉商貿利益的其他歐洲強權，尤其是當時國勢日隆、主打「自由貿易」的英國。雖然殖民當局禁止其他國家參與馬尼拉大帆船貿易，但英國仍找到許多後門來介入菲律賓群島的貿易活動，如英國商人透過外國中介、買通西班牙官員，將印度紡織品放上運往墨西哥的大帆船，或以槍械和民答那峨島穆斯林取得中國商人感興趣的林漁產品，再以後者與他們交易中國茶葉。

封閉僵固的殖民地經濟被外力一點點撬開，而一切就在英國趁「七年戰爭」（一七五六—一七六三）的契機進占馬尼拉後水到渠成。雖然英國僅僅在一七六二至一七六四年短短兩年間掌控了這殖民首府，勢力範圍也未延伸至整個群島，但這段時間卻讓過往合法大帆船貿易下偷偷進行的其他經濟活動得以公開化，而迫使菲律賓殖民地經濟朝對外開放的方向前進。其實早在一七四〇年代，西班牙王室就已開始以非大帆船的登記船隻來進行跨太平洋貿易，因為它們更能閃避英國海軍的劫掠活動（每艘損失的大帆船對菲律賓殖民經濟都是大打擊）。當各國於十八世紀末開始能直接取得中國商品，而且西班牙帝國陸續失去墨西哥等拉美屬地之後，馬尼拉大帆船貿易就變得更難以為繼，最後在一八一五年正式告終。

取代大帆船貿易成為菲律賓殖民地經濟新基礎的，是本地農產品出口貿易。有改革進取心的總督瓦爾加斯（José Basco y Vargas）重新歡迎中國商人，向外國開放來菲律賓進行貿易，並開始建立專賣制度來提升公庫收入。其中煙草專賣一時替殖民當局及西班牙母國帶來大量出口收入，也為未來各種需地孔急的經濟作物（如甘蔗、咖啡、棉花等）向更偏遠及山上地區拓墾開啟契機。

然而，政府對殖民地經濟的掌控力度也隨著開放化措施的進展，而變得越來越難以維持強度。經營不擅、醜聞屢傳的公營企業紛紛倒台，地方政府的專賣權也因為要促進私營經濟發展而取消，於是由英國人、中國人等外國勢力帶著日益的成熟西方資本主義力量，逐步自行嫁接上菲律賓各省的農漁業活動，進而形塑了和西班牙母國漸行漸遠的新殖民地經濟。富裕、有資本出國留學的本地菁英群體也跟著這新殖民地經濟一同出現、茁壯。

須再次強調的是，此一新殖民地經濟是奠基在一個與過往大帆船貿易完全迥異的基礎上。大帆船貿易下的菲律賓是一個「貿易中轉站」，本地的生產活動與此基本脫鉤的，然而現在的新殖民地經濟則以土地為根本，發展出各式各樣的經濟作物生意，也造成了「土地」在菲律賓社會、經濟地位上的轉型。在十九世紀以前，菲律賓農民墾植活動以自我供給為主，並繳納各種稅收與規費給政府、教會。大部分時候，這種程度的經濟活動無法供養西班牙在菲律賓的殖民事業，因此母國常出手金援。隨著十九世紀菲律賓經濟向外開放，許多農民開始改種經濟作物，一方面創造出新的財富，但另一方面，一些遭受各種自然、人為風險災害，或無力應對經濟作物收購價格變動的不幸農民，被迫賣地求

西班牙殖民後期菲律賓家庭照。

存。人口增加導致人均可耕地減少，同時也加劇了此一現象。

此趨勢下的受益者，就是可以廉價收購更多土地的修會，以及因承租修會土地、再轉租給農民而連帶受惠的「普林西帕利亞」本地菁英。在名目上，這些土地都屬於西班牙王室，但在現實世界的實踐早已越過這層限制，儘管實質擁有土地的修會、本地菁英們也並未投資多少資源於生產技術的提升上。這個新殖民地經濟雖變得更活潑開放，然而在許多方面仍是非常落後且頗具榨取性，無論是在經濟或政治上。

歐洲大陸上改變的風潮，也恰巧在此脈絡下開始吹向西屬菲律賓及其他西班牙殖民地。拿破崙入主西班牙後成立的西班牙波旁王朝，推動了意在強化中央集權的「波旁改革」（Bourbon Reforms），其中在西屬美洲，就推出了各項政治經濟改革，希望重劃殖民地機關，並削弱地方勢力，以提升行政效能，及發展以母國為核心出口地的現代化經濟，加強母國—殖民地間的互賴共榮。在西屬菲律賓，支持改革的官員也積極強化行政機關職權，然而他們同時在地方層級面臨著修會及本地菁英的自利反抗。在教育方面，這種進步與保守勢力間的抗衡擺盪，反映在前者表態力推西語普及教育、世俗化課綱等，而修會勢力則持續對此抵制，直到西班牙母國介入表態後，殖民政府才能在一八六三年推出村級的免費、相對世俗化小學教育，並成立培育西語師資的師範學校。

在繁榮與反抗之間崛起的菲律賓國族主義

面對西班牙時而殘暴時而落伍的統治，菲律賓社會並非從未出現過反叛活動，然而有國族主義萌芽特徵的集結與反抗，要到一九世紀後半才開始出現。

因財富積累而得以旅居和留學海外的菲律賓菁英，在歐洲等地見識到的不是西班牙的強盛，反而是西班牙相對於其他歐洲強權的落後，因此有些菲律賓菁英開始在海內外集會結社、辦理雜誌與沙龍來議論時政，希望推動菲律賓的漸進變革，如後來被尊稱「第一位菲律賓人」、「菲律賓國族英雄」的荷西・黎剎（José Rizal）醫師。寫出《不許犯我》（*Noli me tangere*/ *Touch Me Not*）與《起義者》（*El filibusterismo*/ *The Reign of Greed*）兩本代表性小說的黎剎就呼籲，菲律賓應該成為西班牙正式的一省，菲律賓人應該要有代表列席西班牙議會，而地方修會的西班牙籍修士，也應該被菲律賓修士取代。這些都是相對溫和的政治改革主張，並未表示希望脫離西班牙統治，但歐洲各類現代思潮的思源資源，也開

「菲律賓國族英雄」荷西・黎剎。

始協助菲律賓菁英鞏固一種有別於西班牙人的政治自我認同。

菲律賓菁英對於修會的不滿，是反抗意識萌生的重要原因。在當時具改革想法的殖民當局支持下，菲律賓本地人自一七七〇年代起開始被允許成為教士，讓利益受損的修會修士感到不滿，認為這是殖民政府為制衡其勢力所採取的政策。而在菲律賓教士方面，有些積極份子則與本地人伺機推動改革、反抗西籍修士的守舊勢力，因此成為殖民當局的眼中釘，如在一八七二年「甲米地事變」（Cavite Mutiny）菲籍士兵起事叛變失敗後，被殖民當局誣陷為幕後主使者的三位菲籍教士——布爾赫斯（José Burgos）、高梅斯（Mariano Gomez）和薩摩拉（Jacinto Zamora）。從菲律賓歷史的角度來說，甲米地事變是菲律賓本地革命運動的挫敗，從此生長出的憤恨不滿，後來卻為菲律賓國族主義運動帶來新一波的高潮。如同一年

菲律賓人成立的「宣傳運動」(Propaganda Movement),1890年攝於西班牙馬德里。

在歐洲由菲律賓人成立的「宣傳運動」(Propaganda Movement)就受此事件感召,開始努力推動西班牙母國更關注殖民地弊病。

修會與菲律賓本地人的衝突,也有其經濟因素——如當國際糖價於一八八〇年代大幅下滑,呂宋島卡蘭巴(Calamba)地區的菁英(包含黎剎家族)與農民卻仍得面臨當地道明會提高地租,因此引發了廣大民怨。為反制修會暴政,黎剎寫信給西班牙王室,控訴道明會的種種錯失,說他們只顧收租,卻未對該地區的教育、農業基礎建設提升付出多少心力,當天災來臨時也鮮少出手援助受創農民。黎剎的公開挑戰激怒了道明會,讓他們決定將黎剎家族及其他拒絕繳出的菲律賓人逐出他們所承租耕種的土地。雖然這次的反抗失敗了,但帶給許多菲律賓人們啟發和鼓舞——無論菁英或平民,對許多菲律賓人來說,西班牙人們寄生蟲式地奪走他們土地資源這事,已經變得日益苛刻且難以接受。他們很想要有所作為。

在一八九二年，代表武裝抗爭路線的祕密結社「卡蒂普南」（Katipunan）成立，一八九六年後展開武裝獨立運動。對革命態度曖昧的溫和派黎剎，儘管曾向來訪的「卡蒂普南」代表建議當前不適合革命，但仍在同年被亟於鎮壓叛亂的西班牙殖民當局以煽動叛亂等罪嫌逮捕處決。與西班牙殖民者期望不同的是，黎剎之死不但未澆熄反抗的火焰、使菲律賓人膽怯退讓，反而激起菲律賓民眾的盛怒，菲律賓詩人阿波士托爾（Cecilio Apóstol）在短詩〈獻給民族英雄〉（Al Heroe Nacional）中寫道：

不要為墳墓的秘辛
或西班牙人一時的勝利哭泣
即使一顆子彈摧毀了你的顱骨
你的想法，卻反過來，促成了一個帝國的滅亡

黎剎死後，菲律賓體制內菁英的改革路線逐漸散去，現在被尋求武裝反抗的草根激進派所頂替，後者與西班牙帝國展開全面對決，努力爭取建立一個由菲律賓人自己當家作主的國家。

第二章　美國殖民統治的矛盾遺產

十九世紀末的菲律賓，已在西班牙的殖民統治下度過了漫長的三百多年，然而就在菲律賓起義軍與西班牙殖民者展開殊死鬥爭之時，群島的命運又來到意外的轉折點，一個新的重要角色——美國——出現了。

在歷經各種複雜檯面下運作、檯面上武力競奪後，本地新獨立的「菲律賓第一共和國」（西班牙語：República Filipina；他加祿語：Republika ng Pilipinas）不幸被擊潰，於是群島被迫成了美國在亞洲最大且最關鍵的殖民地。

值得注意的是，雖然這半百年的美國殖民時期比西班牙人統治的時間短許多，但其影響卻同樣深遠。

與西班牙人不同的是，美國在統治初期就開始讓本地人有參與選舉民主的機會，不但讓菲律賓人在地方層級高度自治，也漸進地讓整個殖民地轉換成菲律賓半自治的狀態。除了保障菲律賓人參政權利之外，美國統治者讓原本還稱不上有能耐各據一方的本地豪強菁英，開始成為有能力壟斷地方政壇的關鍵政治角色，而勝選進入議會的豪強菁英不但可運籌及排除外部權力對於自己政治地盤、經濟利益的干涉，還可以競爭更高一層行政體系的職位。隨著自治程度日增，殖民早期的美國人與菲律賓人政治攻防，後來在許多面向上逐漸由菲律賓人彼此之間的競奪權鬥所取代，而各地方豪強菁英彼此間也積極合縱連橫、爭奪向他們新近開放的更高（尤其是行政體系的）政治職位及其附屬權力——一方面奠定了政治與聯盟手腕對任何野心菲律賓領袖執政的重要性，另一方面也導致菲律賓領袖在推動可能觸及其他地方豪強菁英利益的社會經濟變革時，或多或少都會面臨妥協的壓力。

一九三五年當選為菲律賓自治邦（Commonwealth of the Philippines）總統的奎松，就是這矛盾的最佳代表人物。由於菲律賓選民認定，一連串的社會動盪應該歸責給地方豪強菁英壟斷的議會政治，因此他們提供機會給保證大刀闊斧社會經濟變革的奎松，他以高超的政治手腕緊握權力推動政策，成為殖民時期的一代強人及威權總統。但在「強地方、弱中央」的結構下，即使是野心與理想兼具的強人奎松，在面對勢力盤根錯節的地方豪強時，大都只能透過利益輸送、私下談判、職位安排等手段對地方豪門軟硬兼施，無法刨除地方分據的政治地景，只是暫時「管理」與「利用」而已。這樣的侷限性，以及終究不願與菲律賓豪強精英階層撕破臉的心態，導致奎松無力推動對菲律賓經濟、社會發展實屬必要的深層土地改革——地租繁重的貧窮農民仍無力脫困，而需要通過來協助他們的土地改革，擺脫不了地主家族的卡關阻擋或鑽漏洞。

1898年5月1日，美國在美西戰爭的第一次重大戰役中，杜威的艦隊在馬尼拉灣擊潰西班牙海軍。

菲律賓革命與帝國主義共謀

崛起中的新興強權美國，和西班牙遠東殖民地菲律賓的百年糾葛，於一八九八年四月美西戰爭爆發後揭開序幕。當時處心積慮想擴張勢力的美利堅合眾國，藉著在古巴爆發的反西班牙殖民暴動，趁勢向西班牙宣戰。雙方不僅在加勒比海大打出手，遠在太平洋西岸的菲律賓，也因殖民地的身分而捲入菲律賓海戰。

在美西戰爭開打前夕，美國早已悄悄地派出海軍准將杜威（George Dewey），率領艦隊前往香港「待命」，一方面箝制西班牙海軍在遠東的活動，另一方面希望殲敵於千里之外，避免西班牙在菲律賓的部隊出現於加勒比海，打亂美軍在自家門口的布局。

一八九八年四月二十五日，當美國正式對西宣戰後，杜威的艦隊也立刻駛向馬尼拉灣，並在

埃米利奧・阿奎納多，菲律賓獨立運動領導人，菲律賓史上首任總統。

短短數天內，以迅雷不及掩耳的速度擊潰西班牙海軍。遠東的捷報傳回美國，國內輿論為之譁然——因為杜威不僅以極小的損失消滅敵人，而且馬尼拉灣海戰是美西戰爭中的第一場勝利。

眼見美國在東方的勝利不費吹灰之力，時任總統麥金利（William McKinley）在民心鼓舞之下，五月十九日向海軍部宣布美軍將乘勝追擊：「（杜威的勝利）讓我們有必要派遣占領部隊到菲律賓，一來完成驅逐西班牙勢力的任務……二來在美國統治下為這些島嶼帶來秩序與安全……。」

麥金利總統的宣言將成為決定菲律賓未來的關鍵因子。但當時美國還要顧及加勒比海戰場，因此在遠征力量不足的狀況下，美軍最初的菲律賓攻略並不打算己力親為，而是要利用菲律賓的反西班牙起義軍。

在菲律賓，尋求武裝獨立的卡蒂普南起初雖

美菲戰爭中的菲軍。

屢有斬獲，但後來革命領導人滂尼發秀（Andrés Bonifacio）與響應革命的地主菁英阿奎納多（Emilio Aguinaldo）開始爭權，因陷入內鬨而無法團結的起義軍，因此遭到殖民軍的猛烈鎮壓，開始節節敗退。

到了美西戰爭，菲律賓起義軍的聲勢已大不如前。剛取得大勝的杜威卻仍堅信起義軍對菲律賓民眾的號召力，於是在一八九八年五月邀請流亡海外的阿奎納多，搭乘美國軍艦返回菲律賓。僅僅數個月前，阿奎納多才因背棄戰友、和西班牙殖民者簽署停戰協議而遭致不滿，最後自願流亡香港，並宣稱將利用西班牙協議給予的巨款，重新籌劃革命事業。

重新踏上菲律賓土地的阿奎納多迅即重啟建國大業，短短幾週內便讓革命烈火再度席捲菲律賓，波折不斷的菲律賓獨立夢也再次箭在弦上。一八九八年六月十二日，屢戰屢勝的阿奎納多在馬尼拉南方的甲米地（Cavite）宣布菲律賓獨立，但獲邀的杜威並未出席，卻派遣一位美軍上校代替前往。早在五月二十一日，杜威已被高層告誡不可與菲律賓革命軍軍事同盟，以免對日後「處置」菲律賓地位造成麻煩。美國高層的背後盤算開始逐漸顯露出來。

此時大部分菲律賓群島已落入革命軍手中，僅剩西班牙殖民統治核心的馬尼拉城，由美軍和菲律賓革命軍共同包圍。由於缺乏對付馬尼拉城牆所需的重型火砲，一八九八年七月革命軍不得不停止對馬尼拉的軍事行動，展開與美軍微妙的合作關係。起初革命軍並不排斥美國的支援與保護，但隨著美軍人數節節攀升，革命軍領袖也開始擔憂美方的真實意圖。然而，革命政府「總統」阿奎納多決議按兵不動——這樣的遲疑在未來讓菲律賓人付出慘痛代價。

獲麥金利總統欽點為菲律賓遠征軍主帥的梅里特將軍（Wersley Merritt）在七月二十五日抵達後，菲美部隊的合作便墜入谷底。受到總統親口指示的梅里特將軍，非常清楚其任務的性質——不僅要占領菲律賓，也要為日後殖民鋪路，不論菲律賓革命政府對島嶼未來的夢想為何。

美軍在梅里特的領導之下開始逐漸蠶食菲律賓革命軍的空間，決議由南面進攻馬尼拉，梅里特派遣屬下和掌握該方位陣地的菲律賓軍談判讓位。憤怒的阿奎納多不情願地答應後，致函美軍總部，抗議美軍在未獲革命政府的同意下便入駐革命軍占領區。梅里特則強勢回應，宣布斬斷和革命軍的合作；此時美軍在菲部隊員額已達一萬兩千人，完全擁有和菲律賓革命軍一拚的實力。

在一場美軍和西班牙守軍精心安排的「假戰」中，與阿奎納多斷絕合作的梅里特於八月十三日率先攻入馬尼拉城；西班牙守軍因種族主義而不願向菲律賓革命軍投降，因此與美軍暗地達成協議，預

美軍與西班牙軍「假戰」後，正式進駐馬尼拉。

謀將菲律賓革命軍摒除在戰後談判之外。心態相仿的美軍進城後，拒絕讓菲律賓革命軍進入，聲稱西班牙人害怕被憤怒的革命軍血腥報復。菲律賓革命軍內心一股恐懼升起——究竟這些美國人、西班牙人打什麼主意？

不久後，菲律賓人的疑惑便得到慘痛的解答。美軍進入馬尼拉城後，梅里特首度向菲人公開美國的占領意圖，並強調此舉是為菲人的「公益」。儘管阿奎納多對美國態度尚未完全幻滅，但菲律賓革命政府和美國互信大幅崩解已成事實——在一封寫給阿奎納多親信的信裡，一位革命軍將軍寫道：「美國人究竟是朋友還是敵人？」

和平夢碎與美菲戰爭

十月一日，美國和西班牙正式在巴黎展開和平談判。

麥金利總統對於在菲律賓的進展越來越有自信，他因而改變了原先美國僅需據領北菲律賓呂宋島的主張，認為菲律賓群島彼此間互賴，難以單獨割出，於是要求官員在即將開始的巴黎和談全力爭取菲律賓。儘管阿奎納多宣稱菲律賓已有合法政府，菲律賓派遣至巴黎和談的代表仍被拒於談判桌外——梅里特將軍聲稱革命政府是「叛軍」，不承認他們的合法地位。

菲律賓革命政府面臨被邊緣化的危機，而決議與美國展開一場生死競爭——在美國與西班牙進行戰爭賠償談判、增加在菲駐軍的同時，革命政府拚命組建國家的治理組織，希望在和談塵埃落定前擁有主權獨立國的實質，增加在國際呼朋引伴的籌碼。

然而，此時革命政府內保守仕紳、地主階級與草根民族主義者間的分裂，正威脅著菲律賓的獨立大業。十月二十一日開始審議的《馬洛洛斯憲法》草案，即是此階段菲律賓革命國會內兩派人馬權力鬥爭的寫照：希望打造一院制（unicameral system）的保守派，與認為等正式政府建立再談憲法的草根民族主義者激辯，讓阿奎納多不知如何是好。

隨著美軍占領的意圖越來越明顯，仕紳、地主勢力逐漸從革命政府首都馬洛洛斯移回馬尼拉，勢力大增的草根民族主義者則開始主導革命政府。從十九世紀末與西班牙殖民者展開武裝鬥爭開始，地主與仕紳階級對於「政治改革」的偏好始終高於「軍事革命」，而這次和美軍的對抗也不意外。萬貫家產的保存，拉扯著他們對國族的渴望，於是漸進式的政治改革成為他們偏好的道路。

一八九八年十二月，美國與西班牙簽署《巴黎和約》，西班牙放棄對古巴的主權，並以兩千萬美元的價錢將菲律賓群島、波多黎各、西印度群島、關島售予美國。一個月後，革命政府正式頒布《馬

1898年在馬洛洛斯首度召開的菲律賓議會起草了《馬洛洛斯憲法》，後來正式名稱為《1898年政治憲法》。

洛洛斯憲法》（Malolos Constitution），建立了亞洲第一個民主共和國，阿奎納多因而成為「菲律賓第一共和國」首位總統，各地革命軍也更名　菲律賓共和軍。

相較於已做好覺悟和美國武裝抗命的菲律賓政府，美國國會顯得分歧嚴重：由於部分議員對加入歐陸帝國主義陣營的遲疑、對「次等種族」加入美國的排斥及後續經濟影響的擔憂，並不十分歡迎《巴黎和約》；而部分議員則懷抱經濟利益的思考、「白種人負擔」的論調，而呼籲美國拾起這塊新擁有的殖民地。就在兩方人馬相持不下之時，一八九九年二月四日美菲軍一場意外的駁火，導致美國參議院在同仇敵愾的輿論氛圍中通過《巴黎和約》。自前年十二月《巴黎和約》簽署以來，菲美軍隊關係日趨緊繃，最終還是無法避免衝突。

二月五日，菲律賓總統阿奎納多公開表示：

「我知道戰爭帶來難以計數的人員傷亡與財產損失，也知道菲律賓人民還未從過去的傷害中完全恢復……，但我知道被奴役有多麼痛苦，我們應該準備好，為了榮譽、為了遭不義地攻擊的國土而犧牲一切。」

於是，菲律賓的獨立夢走向武力爭取的道路。

儘管士氣高昂，菲美戰場上的不對稱性卻是殘酷的。據史家推估，八萬名菲律賓共和軍僅有半數有槍枝可用，讓一開始堅持打傳統戰爭的阿奎納多嘗盡苦頭，而仕紳階級不斷倒戈，更影響了菲律賓共和軍的士氣。美軍猛烈的攻勢迫使阿奎納多不斷北撤，一八九九年十一月美軍攻占了菲律賓共和國位於丹轆省（Tarlac）的首都，象徵了菲律賓政府武裝抵抗的崩潰。阿奎納多和將領們決議解散軍隊，敦促大家返回家鄉組織游擊戰。

轉向游擊戰的菲律賓反抗軍屢獲戰果，但美軍的血腥報復也迅即到來，焚毀村莊、將居民趕進集中營、虐殺戰俘成為美菲戰爭的常態。在鐵腕執行焦土作戰下，許多菲律賓地區的農作產量大幅下降，傳染病也在部分集中營蔓延開來。死亡的氣息籠罩著菲律賓大地，殘忍的戰爭刑罰也一再出現；一九〇一年在菲律賓中部的薩馬島（Samar），一位美軍將領下令屠殺所有十歲以上的菲律賓人。

對於期待美國政局變化帶來轉圜契機的菲律賓反抗軍來說，現實的發展也讓他們相當失望。一九〇〇年十一月美國總統大選，麥金利總統擊敗反殖民的對手獲得連任，讓阿奎納多盼望的政治轉機破滅。美國國內輿論更瀰漫著對菲律賓人不友善的氛圍。支持殖民者大力主張，美軍占領是為教化菲律賓人，促使他們脫離原始文明狀態，協助他們是基督教徒的神聖使命。美國政府的研究報告也顯示，由於菲律賓部落式的政體，加上尚未發展出自治能力，因此美國必須占領菲律賓並「教導民主」。

頻臨危殆的獨立夢，在一九〇一年三月二十三日再傳噩耗——偽裝成菲軍俘虜的美國馮斯頓（Frederick Funston）將軍和五名美國士兵成功混入反抗軍位於呂宋島西北山區的軍營，奇蹟似地活逮阿奎納多。

讓菲律賓反抗軍沮喪和憤怒的是，不到一週阿奎納多便於馬尼拉宣示效忠美國政府，並在四月十九日正式簽署投降宣言。他表示要「讓血河停止流動，讓淚水和憂傷終結」，並說自己「無法不聽期盼和平者的呼喊，無法對渴望自由、期望愛人歸來的數千家庭無動於衷」，並聲稱這一切只能由「寬宏大量的偉大美國」提供保證。

雖然阿奎納多的示範效應不如美國政府所預期的，但卻是美菲戰爭的轉捩點。反抗軍仍在群島各地轉戰不屈，但頹勢已越來越難避免——在焦土戰略的持續打擊下，反抗軍的主將馬爾瓦爾（Miguel Malvar）在一九〇二年四月十三日向美軍投降。

隨著美軍準備完成全島肅清的目標，美國總統老羅斯福（Theodore Roosevelt）在一九〇二年七月四日宣布美菲戰爭結束，此後所有的共和軍戰士與反抗勢力都被視為「盜賊」與「小偷」。儘管少數反抗軍繼續頑抗了近十年，但他們最終仍在美軍與菲律賓警察的聯手武裝壓制下逐漸凋零——沾滿血腥的菲律賓列島，終於被迫走入美國殖民統治的新紀元。

美式民主與弱體制國家的成形

美國統治的事實逐步確立，代表菲律賓有了新主人。這樣的新發展，卻為西班牙時期頂起殖民地半邊天的修會與本地精英帶來了截然不同的遭遇。

修士的影響力下降不少，修會與修士們在戰亂中受創慘重，美方調查顯示在這過程中有四十名被殺害、四百零三人受監禁，而一八九八年菲律賓一千一百二十四名修士，到一九〇三年時僅剩四百七十二名。其後，美國對修會勢力也只有政教分離的想法，不希望他們有任何政治影響力，並積極以巨額購買西班牙修會的土地。到了一九〇四年，菲律賓剩下的西籍主教也被美籍主教們所取代，曾經在西班牙殖民時期頂起半邊天的修會勢力，其政治經濟影響力已大幅下降。

相對而言，過去西班牙人所倚重、此時被美國找來協助維持統治秩序的，還是那些扎根於各地的本土政商菁英家族。他們也順勢接收了不少美國協助轉手的舊修會地產。隨著十九世紀菲律賓殖民地的經濟逐漸向外開放，本土商業菁英和政府官僚的角色日益吃重，與割據鄉間的本土精英家族形成鼎足並立的局面，後者更透過持續積累的政商實力，逐步將勢力範圍擴張到省級層次，也有部分成員選擇移居到都會區。整體而言，群島間日益頻繁的交通和貿易往來，協助鞏固了綿密的殖民地本土菁英網絡，也成為初來乍到的美國人樂意馬上運用的主要政治基礎建設。

在一八九八年殖民者替換為美國人之後，暗地主張「與美國併合」、部分表面上呼籲菲律賓自治的馬尼拉都會受教育菁英（illustrado）成了最早和美國政府合作的群體，並於一九〇〇年組成菲律賓

1907年6月選出菲律賓議會，是美國殖民統治下本地人自治權利的重要開端。

第一個政黨「聯邦黨」（Partido Federal）。儘管聯邦黨人一開始獲美國殖民地官員的支持，但在支持他們的總督塔夫特（William Taft）離任返美後，美國後續的殖民地選舉規劃卻預告了他們的衰敗。在一九〇七年六月舉行的菲律賓議會（Philippine Assembly）選舉所排定的八十個席次裡，馬尼拉地區僅占兩席，對於民意基礎大都在馬尼拉的聯邦黨相當不利。

在這次選舉裡，非聯邦黨人大有斬獲。自地方選舉起家、獲美國官員肯定的奧斯敏那（Sergio Osmeña）與奎松（Manuel Quezon）夥同其他地方實力派組成了國民黨（Partido Nacionalista），和友黨聯手豪奪五十九個席次，將選前改名進步黨（Partido Progresista）的聯邦黨徹底擊潰。奧斯敏那來自中部大城宿霧，奎松則是呂宋島中部出身，兩人都來自華裔混血菁英家庭，皆在西班牙殖民時期的菲律賓最高學府聖多默大學（Universidad de

準備前往華府遊說的奧思敏那（右）與奎松（左）。

Santo Tomás）修習法律，在美菲戰爭過程中也都服務於阿奎納多陣營。一九〇七年奧斯敏那與奎松雙雙當選菲律賓眾議員時，兩人的年紀僅二十九歲，後來也長期位居美國殖民時期的政壇要角，在菲律賓人未來爭取獨立的過程中扮演關鍵角色，也都出任過美屬殖民地狀態下的菲律賓總統。

一九〇七年的這場選舉對菲律賓政治影響深遠。自一九〇二年起在各省選舉中嶄露頭角的地方豪強菁英，一舉成為菲律賓全境政治的要角，也擊潰了自一八七〇年代起獨霸政治地位的馬尼拉都會菁英。未來菲律賓主流的全國性政治人物，多數是來自地方實力堅強的豪強菁英家族，而他們在中央—地方間的經歷、運作又進一步鞏固了家族的政治經濟實力，成為能抗拒中央行政權伸手到其老家地盤的底氣。此一反饋機制不斷鞏固並成長，讓西班牙時期萌芽的中央—地方分離的政治結構，大體上透過美式選舉民主延續下來，也成了未來菲律賓弱體制國家的濫觴。

相對於西班牙人對於讓菲律賓人掌權的畏懼排斥，美國人的殖民地政策倒是開明不少，這與美國國內對於殖民菲律賓的辯論有高度的關聯。對支持殖民的美國人來說，這不但會成為美國產品銷售的市場、獲得中國商機的跳板，也是美國人推進「文明教化」的機會，如著名美國帝國主義者、參議員阿爾伯特·貝弗里奇（Albert Beveridge）就曾在一九〇〇年演講時表示：

「菲律賓將永遠是我們的，一如憲法所稱的那樣『屬於美國的領土』。而在菲律賓之外的則是中國無限的市場。這兩者我們都不會放棄。我們不會否認我們在群島上的責任。我們不會放棄我們在東方的機會。我們不會放棄我們種族的使命——受託於上帝——傳播文明於世界。我們將繼續我們的工作，而不是像被鞭打的奴隸那樣哀號，而是對值得我們能力的任務充滿感激，也感謝全能的神將我們標記為他的選民，從此來帶領世界重生。」

「中國是我們天生的客戶，比起英國、德國或俄羅斯這些現在與未來的商業強權，離我們更近。它們現在已透過在中國邊境建立永久基地，而拉近與中國距離了。菲律賓會提供我們一個站在全東方門口的基地。」

然而，著名作家馬克·吐溫、鋼鐵大王安德魯·卡內基等許多美國人卻高聲反對美國殖民菲律賓。他們當中許多人是基於支持菲律賓人自決獨立的權利，為美國背棄其自由民主精神而羞恥；但也有些人是因為擔心菲律賓人湧入美國、汙染盎格魯—撒克遜高貴的血統，或擔心菲律賓廉價的勞力與產品將對美國本地產業形成不公平且毀滅性的競爭。

也因為最後這項憂慮，當時反對殖民菲律賓的美國政治人物甚至積極避免國內出現從殖民菲律賓獲益、為其遊說的利益團體。根據美國學者諾艾爾・摩利爾（Noel Maurer）與拉克希米・艾耶（Lakshmi Iyer）的研究，美國政府就設立了一系列規範，限制美國企業在菲律賓的活動，包含禁止美國企業在菲律賓擁有一千零二十四公頃以上的土地、禁止美國銀行體系延伸至菲律賓等。這是一個不敢盡情剝削的新興帝國主義強權。

由於國內利害分歧而對殖民菲律賓有矛盾心態，而造成了一段矛盾的統治。一方面美國的帝國主義意圖，還是從商業利益角度看待菲律賓，有利益時抓著不放，不划算時就想放棄；但另一方面，美國政治人物很早就規劃長期目標，讓菲律賓獨立，或至少對讓菲律賓獨立沒有負面看法，只是現階段美國還需要透過「文明教化」讓菲律賓的「棕色小兄弟」成長茁壯，好好教導他們，讓他們未來真的獨立時有足夠能力治理自己的國家。

當時美國自認是良性的統治者，而這種實際上既自由開放又控制打壓的治理，確實讓美國始終是處於一個「很典型」與「不太一樣」的帝國主義強權之間——不只是外人，至今許多菲律賓人對美國殖民菲律賓這段歷史的評價也很複雜，有正面也有負面。

在教育方面，美國在菲律賓大力推動基礎教育，大幅提升識字閱讀的人數，對殖民地人力資源的培養有所貢獻。一九〇三年時菲律賓公立學校有二十二萬名學生，到一九三八年時提升為一百四十九

美國殖民當局大力推動基礎教育，以英語為主要教學語言。

萬名學生。除了基礎教育外，美國也開始設立許多技術專門學校，為菲律賓參與現代經濟打底。

在基礎建設方面，二十世紀初時菲律賓有一百九十六公里的鐵路，到一九三八年時為一千三百五十三公里，道路與橋梁也從一九〇八年時總長三百九十七公里，成長至一九三三年的一萬五千兩百一十四公里，群島的交通便利度有顯著的進步。

在政治方面，菲律賓人在美國殖民時期有更多的機會，他們提供獎學金給菲籍公務員赴美進修，促使公務員的素質提升，一九一二年就任的新總督法蘭西斯・哈里森（Francis Harrison）更宣布「菲律賓化」（Filipinization）的殖民地新方針，為菲律賓本地人士參政開了扇大門——一九一三到一九一九年間，殖民政府裡的美籍成員占比自百分之二十九降低至百分之六，議會的政治權力也大幅提升。

此外，菲律賓政治人物在華府長期遊說與各種努力，讓他們得以在殖民地治理上擁有更大的話語權，現在不但菲律賓人可以直接參選的民選職務達到省長層級，連殖民地的議會也開始對預算分配有更大的話語權。奎松自一九〇九—一九一六年擔任菲律賓在美國眾議院的常駐代表，其努力協助促成同意菲律賓實行自治的《瓊斯法案》（Jones Bill）通過，而後來的菲律賓政治人物多次往返華府與馬尼拉遊說、表達意見，美國也曾派代表來菲律賓調查，為菲律賓追求獨立一事維持勢頭。其間雖有「吳德—佛彼斯報告書」（Wood-Forbes Report）等美國官方報告對菲律賓是否準備好獨立抱持負面看法，但為菲律賓獨立奮鬥的本地政治人物仍不放棄，終於在和美方的談判中，逐漸確立了讓菲律賓走向漸進獨立的法律基礎。

然而，並非所有美國人都樂見「菲律賓化」。有些殖民者是因為歧視菲律賓人的能耐，或對菲律賓人不信任，如軍人出身、曾擔任美國駐菲總督的倫納德．伍德（Leonard Wood）就要求在他和菲律賓人開會決議重要事項時，也要有其他的美國人在場。他和本地人諸多的不融洽，也體現在伍德和奎松對菲律賓經濟發展迥異的立場上——伍德希望鬆綁外國人持有土地的規範及公營事業私有化來促進經濟，而奎松等不少菲律賓政治人物則擔心這會影響本地人權利，導致菲律賓經濟被口袋殷實的外國資本掌握。菲美官員間的紛擾爭執，讓奎松氣憤地發下豪語：

「我寧願讓菲律賓人把政府治理得有如地獄，也不願讓美國人把政府管理得像天堂，因為無論菲律賓人政府多麼糟糕，我們總能撤換它。」

一些美國人的考量的確是合理的擔憂。

當時美國國內「進步主義」（Progressivism）信徒與舊派政治的競爭，影響了菲律賓殖民地的發展，如部分受美國國內進步主義影響的殖民官員，就對讓某些行為可議的菲律賓菁英上位持保留態度——因為他們偏好抵抗部分菲律賓政客中飽私囊的立法作為，也緊抓著仍置於美國人管理下的官署，想要避免它們太快被本土精英主導的國會所篡奪。在駐菲美軍方面，則對部分本地菁英的政治理念與意圖有疑慮，渴望將民答那峨島重新拿回統治。與菲律賓其他地方不同的是，一九一四年以前該島處美軍直接統治之下，後來才回歸民選菲律賓官員統治，改由「民答那峨與蘇祿部」（Department of Mindanao and Sulu）治理，而美軍認為菲律賓基督教徒對南方穆斯林是威脅，只會剝削後者，而美國人是唯一能保護南方穆斯林群不受其傷害的力量。

誠如上述，本土精英擴大掌權的結果有其兩面性：一方面讓菲律賓人有更多影響自身政治命運的機會，為未來的獨立國家鋪路，另一方面也為菲式裙帶資本主義的發展帶來契機。令人擔憂的是，此時本土精英們越來越能透過職位任命、參股銀行、鐵路公司等操作，鞏固自身政治經濟人脈、實力，並賺取參戰選舉所需的銀彈，而每當部分美國殖民官員對這類操作表達不滿並試圖干預時，本土菁英就會以「反自治」、「反菲律賓」等國族主義式口號來反擊，逼迫允諾讓菲律賓走向自治的美國當局收手。不幸的是，當菲律賓將走向漸進式獨立的事實確定後，許多美國殖民地官員也開始對相關負面發展撒手不管，睜一隻眼閉一眼。當然並非所有菲律賓政治人物都是如此自利導向，但他們仍難逆轉這種風氣在菲律賓政治圈持續坐大的現實。

此外，除了豪強菁英間的爭權以外，菲律賓的貧富差距也引人關注。

美國的殖民體制，對菲律賓本土豪強菁英在商業方面坐大發展是有利的：一方面，本來就只有少數美國企業選擇進軍遠東的菲律賓；另一方面，美國政府夥同菲律賓議會對美企在菲發展訂出重重限制，菲律賓豪強精英因此保有許多鮮受打擾的獲利機會。經濟作物如蕉麻、糖、菸草、椰子等出口，成為美屬菲律賓商業活動主動脈，而美國則成為最重要的銷售市場，其在菲律賓的出口占比也由一八九九年百分之二六，到了一九三四年時大幅上升至百分之八四——菲律賓經濟有過於依賴單一市場與產業的問題，但參與相關經濟活動的菲律賓豪強菁英卻財源廣進。

相對於中上階層生活與發展上的順利，菲律賓中下階層生活則進步較為緩慢，他們本身在體制內撼動殖民地政治的能力也有所限制。儘管後來投票權限制逐漸放寬，菲律賓有投票權的人數擴大，但先一步登場的本土菁英卻早已將相關資源卡住，透過綿密的利益輸送網絡幾乎擋住了任何政治、經濟翻轉的可能——當代菲律賓寡頭式民主的雛型，就這樣由美國殖民政府與本土精英共同擘劃確立，在未來此一體制將為本土豪強精英們發展家族政治王朝（political dynasty）、套利產業開啟一扇扇機會大門。

1934年美國國會通過《泰丁斯—麥達飛法案》後，美國小羅斯福總統在同年3月24日完成簽署。

邁向獨立，爭議性的強人奎松

一九三四年美國國會通過《泰丁斯—麥達飛法案》（Tydings–McDuffie Act）後，菲律賓的獨立旅程終於開始大步邁前。該法案確立獨立前為期十年的轉型期，成立菲律賓自由邦（Commonwealth of the Philippines），並在一九三五年由菲律賓國會批准通過自治邦憲法。除菲律賓政治人物的遊說運作外，許多遭受三〇年代經濟大蕭條影響的美國人、企業也是背後重要的推動者，他們希望可以遏止菲律賓產品免稅進口、菲律賓人持續流入美國搶工作。到了一九三〇年，有超過七萬五千名被視為「非公民的國民」的菲律賓人在夏威夷工作，也有超過六萬名在美國西岸的果園、農地與罐頭工廠等地勞動。

憲法通過後，菲律賓的獨立也逐漸加速準備，如原先菲律賓高等法院的成員多數是美國人，現在則全部要換成菲律賓人；原來菲律賓的官方語言只有英語和西班牙語，幾經研議後，菲律賓自由邦政府先是在一九三六年成立國家語言中心（Institute of National Language），從本地語言挑選發展未來的官方語言，並於隔年通過一項國族里程碑，選擇呂宋島中南部（含馬尼拉）的主流本土語言他加祿語（Tagalog）作為菲律賓第三個官方語言的基礎。在美國人的監護指導、菲律賓人的奮進努力下，菲律賓獨立國家的雛型越來越完整了。

有意思的是，隨著獨立日近，菲律賓一些有望在獨立後登上大位的全國層級政治人物，也開始嘗試集權中央，希望馬尼拉有更大能力來形塑菲律賓全境的發展。以前這是美國人才有的權力，但隨著菲律賓政治人物持續獲得美國放權、對行政中樞掌控日深，此時擁有更大的政治話語權，也有更多的誘因加強維護中央權威，而非處心積慮去削弱它——基本上，這是一個由「被統治者」到「統治者」的心態轉換。此外，部分本地政治人物深具個人政治野心，或者認為國家的問題需要大幅擴張中央行政權力才能解決。

一九三五至一九四四年間擔任自由邦總統的奎松即是一例。奎松利用菲律賓共產黨（Partido Komunista ng Pilipinas，PKP）、草根國族主義的薩克達利斯塔（Sakdalista）運動對政府的威脅，以及各類社會經濟危機為主由，來加強他對關鍵政府部會與各種人事安排的掌控，在過程中他逐漸嶄露強人統治的色彩。對當時不少人來說，共產黨、薩克達利斯塔等反建制實力的威脅是貨真價實的，因此他們逐漸認為只有強人才能保護他們解決危機。

菲律賓共產黨由早前屬於「菲律賓勞工議會」（Congreso Obrero de Filipinas）的工運人士所創建，其

1939年，菲律賓總統奎松發表演說。

創辦者因參與共產國際、美國共產黨活動，並與流亡菲律賓的印尼共產黨領袖、共產國際東方部重要成員陳馬六甲（Tan Malaka）有往來，而逐漸被共產主義吸引，後來也曾派代表赴蘇聯參與會議。他們從原先的工會團體脫離後，一九三〇年創立親共產主義的工會組織，並在同年建立菲律賓共產黨，持續接觸各地農工運動。儘管該黨在一九三二年被菲律賓最高法院認定為非法組織、備受打壓與追捕，但他們仍不斷壯大影響力，甚至在日本、國際法西斯主義威脅日增時，因共產國際、美國與菲律賓政府認定此時有統一戰線的迫切需求而被特赦，於一九三七年重新合法化。但整體而言，菲律賓共產黨與政府關係仍相當緊張，難以維持友善的關係。

薩克達利斯塔的領導人是貝尼奧・拉莫斯（Benigno Ramos），他在一九三〇年正式創立該運動。拉莫斯在奎松擔任參議院議長時是其親信，

薩克達利斯塔成員的合照，背景可見其代表旗幟。

後來卻因奎松不願支持菲律賓學生抗議一位美籍教師種族歧視而離去。拉莫斯帶領下的薩克達利斯塔不僅反美，也反對奎松、奧斯敏那等主流政黨，要求土地改革，也要求重組「親美」教育體制、菲律賓立即獨立，這些呼籲都對奎松與國民黨造成不小壓力。一九三四年，薩克達利斯塔於大選中拿下三個眾議院議席，在地方層級選舉有所斬獲。然而，《泰丁斯—麥達飛法案》的生效通過，讓認為此為美國緩兵之計的拉莫斯日益不滿，加上菲律賓政府對其加強打壓，他於隔年五月率領數萬名支持群眾起義，最終兵敗流亡日本，運動也逐漸弱化消弭。

總體而言，由於奎松認為種種社會動盪乃肇因於政府被豪強菁英勢力所掌控，使他無法放手施政解決問題，而且他也不滿於現有一院制國會對自身權力的違抗，於是他在一九四〇年運作通過憲法公投將國會變成兩院制（參眾兩院），以加強他對立法權的掌握，也夯實了他在菲律賓無人能敵的政治權力。重新成立的參議院有二十四個席位，由全國選舉產生，在奎松的安排下，相較於擁有獨立選區、具地方資源的眾議院，被抽離地方基礎的參議院較容易受具多年議長經驗的他所掌控，最終成為國民黨內親奎松派制衡眾議院的利器，也成為奎松規劃並通過多項社會經濟政策來遏止共產主義工農運動的重要管道。

然而，奎松抓權行動並不止於此。一九四〇年的憲法公投將原先六年一任、不得連任的總統一職，改為四年一任且得連任一次，事實上允許他有繼續擔綱總統的權利。奎松對政治捐獻、政府財源的充分控制，也使他得以持續獎勵支持者，並打壓所有企圖與他作對的人，無論在黨內或黨外。譬如，當公立菲律賓大學不願意搬遷至其新成立馬尼拉「奎松市」時，他就砍了預算逼迫大學領導層聽話，而當他們終於同意搬遷時，奎松又以預算增加的形式給予獎勵。如此棒子與胡蘿蔔並行的政治手腕，不僅讓奎松的敵人膽顫，也讓親信服貼。

奎松帶領下的國民黨，在美屬菲律賓是一黨獨大，對地方也充分掌握。如一九四〇年的地方選舉，國民黨贏下了四十三席省長中的四十一席，即使在左翼反對勢力較蓬勃發展的呂宋島中部區域，他也不惜派兵為國民黨威嚇助陣。許多教育、經濟發展程度的地區也被奎松改設為中央直轄、市長與議員官派的特設城市（chartered city），有效且巧妙地削弱潛在反對者政治發聲的管道。如此徹底的政治掌控，逼得選戰挫敗的社會黨（後來在一九三八年與菲律賓共產黨合併，美國共產黨曾居中協調）都只能寄望美國殖民者的親睞扶植。社會黨曾偷偷向美國人告狀奎松等對美國不夠忠心，萬一與日本開戰可能就馬上投誠，不像他們可是堅定反法西斯，因此希望美國轉而支持他們上位。但在《泰丁

1941年國民黨競選廣告。

斯—麥達飛法案》通過後，美國對菲律賓的政治權力已下降許多，也不願意直接出手干涉複雜的殖民地政治。

無論如何，奎松與國民黨的諸多爭議作為，還是引發了菲律賓內外一波波批評，美國方面也有擔憂警戒的殖民地官員不斷呼籲美國總統出手干預，希望他可以拯救菲律賓的民主體制、避免獨裁，美國媒體如《時代雜誌》也曾於一九四〇年的報導中以強烈的語言指控：

「一場將群島名稱改為『奎松』的運動正在進行中。現在我們已經有一個『奎松市』了。公設菲律賓大學的學生也組織了『奎松國王』俱樂部……許多觀察家觀察到，菲律賓被給予十年時間學習如何運作民主，但現在反而學習到的是如何運作獨裁。這是第一個在美國國旗下走向極權主義的政府。」

但奎松並不接受這些指控，他常反控批評者是雙重標準，說他們對美國人寬容仁慈，等到菲律賓人自己掌政時，卻拿出放大鏡來硬找瑕疵。為加強這論點，他曾經在演講時使用自己過去的名言來加以解釋：

「我問你，你對你自己的總統、自己同胞選出的人、與你自己有同樣血緣的人，會給予比較小的信心嗎？你對他的信心，會比對外國籍總督的信心來得小嗎？菲律賓在何時被剝奪過人身保護令，而當時又是誰剝奪的？如果你還記得的話，是曾在美國占領的最初幾年、在八打雁（Batangas）的集中營中被剝奪。

當菲律賓政府完全掌控在美國人手中時，他們是否曾將菲律賓人及其存續視為主要關注？你們在什麼時候開始有了一家銀行，組織起來促進菲律賓人的商業利益？你們在什麼時候開始有了一家銀行——菲律賓國家銀行，組織起來協助菲律賓農民、菲律賓工業家？只有當菲律賓有了參議院，當哈里森（Francis Harrison）作為我們的美籍總督、允許菲律賓人治理這個國家時，我們才有了以上這些。正是因為伍德總督試圖撤銷前美國總督所做的事，我才會說：『我寧願讓菲律賓人把政府治理得像地獄一樣，也不願讓美國人把政府管理得像天堂一樣。』」

第二部

打造共和國

第三章　新生共和國的奮起與墮落

「是什麼原因讓四千萬名菲律賓人——儘管識字率是亞洲國家裡數一數二，並享受活潑奔放的民主體制將近三、四個世紀——在一九七二年九月溫順地接受立憲政府被無限期暫停運作，並被限制政治與公民權利？菲律賓民主是脆弱到無需武力威嚇，單靠一個總統公告就能推倒的嗎？」

這是一九七〇年代中期，菲律賓首屈一指的菲律賓大學校長薩爾瓦多・羅培茲（Salvador P. Lopez）在夏威夷大學公開演講時痛苦地提問。在一九七二年九月二十三日菲律賓總統費迪南德・馬可仕（Ferdinand Marcos）宣布戒嚴後，羅培茲本來努力支撐著威權領袖與不滿教職員生間的對話空間，並盡力保護異議學生，維持校園裡的民主空間。但隨著戒嚴時間延長，就連樂觀的羅培茲都開始無法忍受馬可仕的高壓統治，選擇公開表達不滿。儘管憤慨，羅培茲仍不得不在演講時承認，這場戒嚴大戲並非沒有民意基礎——在經濟疲軟、街頭動盪、反政府武裝橫行、國會政治困頓等棘手問題之下，一般民眾大都選擇擁戴馬可仕的戒嚴公告。

時任參議員的喬飛托・薩朗加（Jovito Salonga）在戒嚴後表示，起初民眾就算未歡慶戒嚴，他們也不想公開反對，一開始「大多數人都是默默接受這個新局面」。許多民眾暗地認同馬可仕要打倒「舊政治」的政治口號，即菲律賓政治被豪強菁英家族壟斷的困頓現實——在一九四六年獨立後，新生的菲律賓共和國並未美國殖民時期的政治特質一刀兩斷，每次選舉仍見到那幾個熟悉的姓氏輕鬆出征，以充實銀彈、恩惠輸送奪得連連勝利。選舉政治成為少數人壟斷的權貴遊戲，讓權勢者透過協商喬事、安插職位等機制牢牢掌握地方的政治、經濟命脈。這為菲律賓國家發展帶來明顯困擾，甚至是促生地方上的血腥暴力，因為各家族與利益輸送網絡間的競爭，總是相當激烈，還可能觸發私人武裝部隊間的衝突。由於排斥豪強菁英家族們代表的舊政治、厭倦菲律賓政治的長期困頓，許多民眾並不同情許多馬可仕所清除的政敵。

菲律賓究竟是如何走到這一步？美國殖民指導下的新興民主政體又如何受挫至此，讓威權成為許多民眾心中的正當選項？若要探究這些問題的答案，就必須先談菲律賓獨立後至馬可仕上台前這近二十年挫敗的政治經驗，而我們也將會發現，自西班牙殖民時期發展至今的「強地方、弱中央」政治結構仍扮演相當核心的負面角色，它一方面拖延了菲律賓社會經濟變革的進程，另一方面也餵養了菲律賓民眾對於鐵腕或民粹領袖的較高接受度。

菲律賓「豪強民主」的盛世

一九四六年菲律賓迎來期待了半世紀的獨立，這個由美國孵育多年的民主實驗能否開花結果，外界仍持續密切關注著。

原先戰前好不容易達成的集權小成果，在二戰期間遭到重大打擊。一九四一年日軍雷霆閃電般地快速占領了菲律賓，迅速將名將麥克．阿瑟（Douglas MacArthur）領軍的駐菲美軍打退、把殘餘菲律賓軍隊逼上山進行游擊戰，菲律賓自由邦的政治領袖也只得避難美國。在這過程中，成長中的共產黨虎克軍（Hukbong Bayan Laban sa Hapon，中譯為抗日人民軍）獲得發展茁壯的機會，成為當時菲律賓最具戰力的抗日游擊勢力之一。儘管日本最終在太平洋戰爭中戰敗了，但由於地方武裝勢力在這段日美菲混戰期間的崛起，及首都馬尼拉於二戰末期遭到的毀滅性破壞，菲律賓原正努力鞏固的中央權力再度被鬆動了。

戰後初年的政治發展，進一步允許此一鬆動的擴大。首先，眾多在日本占領時期與敵方合作的菁英們，多數在戰後被寬宥、獲同意重返政治圈，舊勢力正快速地恢復元氣。

再者，戰時建立功績的新地方豪強，如馬可仕（Ferdinand Marcos），部分挾戰功、部分保留戰時統領的游擊隊作為護身符，與部分舊菁英結盟進軍菲律賓政壇，成為撼動菲律賓全國舊層級政治的新挑戰方。

他們當中許多教育程度不若舊菁英，但依靠著功勳聲譽與獨立於政府外的自主實力，成為菲律賓國家新一股離心力，並挫敗了菲律賓政府欲制衡地方勢力自主的努力——自國民黨分裂出來、由羅哈斯（Manuel Roxas）總統帶領的自由黨（Liberal Party）即是這股新離心力的主要代言者，國會則成為地方豪強制衡中央國家的重要權力載具。

儘管戰後百廢待舉的經濟局面曾經讓菲律賓執政者深感苦惱，但美國援助款很快就協助他們重新站穩腳步。然而對部分得不到援助果實、看不到未來的困頓農民來說，冒險投奔虎克軍、舊菲律賓共產黨（Partito Komunista ng Pilipinas, PKP）則變成一個具吸引力的選項，因此讓獨立後的菲律賓社會持續動盪不斷。不過被政府排擠的共產勢力之所以維持不墜，並不單純只是因為其戰力優秀，許多地方豪強也視他們為制衡菲律賓中央政權可結盟的勢力，與其暗通款曲。在選舉季節，有些豪強菁英甚至會收買、串通虎克軍來攻擊敵對候選人，當然有些是直接出動專屬的私人小軍隊。由此可見，儘管表面上虎克軍應該是地方豪強的敵人與競爭方，然而並非總是如此，就算部分虎克軍對豪們的地方勢力產生威脅，但還沒可怕到讓豪強們決定要全面反目的地步。

整體而言，虎克軍並不總是置外或挑戰了菲律賓地方政治的結構，有時反而被含括收編，豪強和民眾則繼續透過利益、人情相糾纏穩固著原有的地方權力結構，讓菲律賓的國家集權進程屢屢碰壁。由此可見，菲律賓地方政治徹底實踐了他加祿語「政治」（Pulitika）一詞的意涵——根據菲律賓歷史學者雷納多·依萊托（Reynaldo Ileto）的詮釋，該詞將政治視為一種議價程序，其牽涉自身或所屬群體的利益，讓政治領導者與追隨者的利益交互纏結、相互負責，支撐起整個社會的運作。從國家的角度來看，虎克軍的問題一部分是經濟的，一部分是政治的，一如地方豪強的自主勢力，一個弱體制的國家很難剷除，他們就這樣存在於其無力完全掌握的社會肌理內。

面對無力消除的地方離心力，點綴著地方豪強暴力排除敵對家族的血腥，還摻合豪強菁英掏空國家經濟的貪婪，後美國殖民的菲式民主也就這樣正式進入其黃金時代。已故東南亞研究大師班尼迪克・安德森（Benedict Anderson）稱此時期為菲律賓「豪強民主（Cacique Democracy）的全盛期」——菲律賓後來的「民主聖母」、前總統柯拉蓉・艾奎諾（Corazon Aquino）的父親就是在這時期，將家族擁有、惡名昭彰的路易西塔莊園（Hacienda Luisita）自三千三百公頃大幅擴增到一萬零三百公頃。儘管美式民主是新獨立共和國的效法標的，但「暴徒，槍械，財寶」（goons, guns, gold）卻是菲律賓豪強菁英民主實踐的實像，裙帶資本主義繼續主宰著戰後菲律賓經濟，而稅基過小、制度性貪腐等問題仍長期無解。

打造現代國家的努力與挫敗

若將故事就停在此，讓人對菲律賓戰後政治就只留下了「豪強民主」的印象，那就過於簡化前馬可仕時期的菲律賓戰後歷史。

儘管戰後的菲律賓總統沒有化解掉弱體制國家問題的解方，多位也有自身的缺陷與錯誤，但他們大都曾經嘗試出手解決這問題，希望推動菲律賓朝現代化、有效運作的國家方向前進。這是他們身處馬尼拉權力中心時所抱持的政治願景，但這也不僅僅是他們個人的想望而已——許多受過良好美式教育的技術官僚也渴望有機會帶領菲律賓發展，證明後殖民菲律賓也能走出自己的康莊大道。

在追逐現代國家的過程中，馬尼拉曾經有過的努力與挫敗、理想與墮落，都是這時期菲律賓政治的主線，這些複雜性不能被遺忘，也不能被任意刪減和扭曲，無論目的是為了要替馬可仕確立戒嚴正當性，或是共產黨為了證成這國家體制從底子裡就是骯髒且不值得存在。藉由了解他們失敗的地方與緣由，後人得以更了解菲律賓的各項政治困境是如何盤根錯節，以及為何「強國家、強中央」的目標總是距夢想比離現實近，而這又如何催生了菲律賓民眾對於強人政治的默許，甚至是期待。

在前兩任總統曼努埃爾・羅哈斯（Manuel Roxas，一九四六－一九四八在位）與埃爾皮迪奧・季里諾（Elpidio Quirino，一九四八－一九五三在位）任內，從戰爭廢墟中重建菲律賓經濟是主要的施政重心。這挑戰不僅困難，事實上還非常艱鉅，因為菲律賓戰時所遭受的破壞規模實在太巨大，單單一九四五年初的馬尼拉戰役就造成超過十萬名當地居民喪生，城市接近全毀，經濟損失更難以估算。就連季里諾的夫人及三名孩子也都在馬尼拉戰役中喪生。羅哈斯於就職演說中誠實地敘說了菲律賓當時的困境：

「我們首先面臨的事實是，政府甚至沒有財政資源來維持基本職能，更不用說我們正在考慮、對我們持續存在至關重要的重建與經濟發展大項目…………從我們周圍的廢墟，我們必須想像出一個偉大國家首都的願景，而它終將從灰燼和瓦礫中光彩奪目地升起。」

在重建的過程中，羅哈斯一方面推動一系列政策來重建菲律賓經濟競爭力，如提議建立菲律賓中央銀行來穩固外匯儲備與金融秩序、成立菲律賓重建財務公司（Rehabilitation Finance Corporation）來提供信用貸款給戰時受創企業與重建住宅、推動菲律賓糖業擴產出口來重振經濟；另一方面努力重建治安與政治秩序，如推動特赦戰時與日合作的政治人物，宣告虎克軍為非法。重建上的求快求穩，對菲

1945年初，馬尼拉戰役造成當地十萬名以上居民喪生，城市幾近全毀，經濟損失更難以估算。

律賓都相當重要。

在這時期，美國是菲律賓重建最重要的夥伴，然而美方相對的需索也非常強勢。從一九四六年的《菲律賓貿易法》（Philippines Trade Act），就可看到美國用提供菲律賓數百萬美金的重建基金，來換取菲律賓與美國的固定匯率、雙方八年零關稅貿易與其後逐步增加等條款，以及賦予在菲美國人與美國企業與菲律賓人「平等」（parity rights）運用自然資源的權利。一九四七年簽訂的《軍事基地協議》（Military Bases Agreement），則讓美國得以繼續在菲律賓駐軍。這些事件都被許多菲律賓人批評為領導者崇美賣國，但事實上，折衝判斷的邏輯絕對並沒有這麼簡單，頂多說豪強菁英的自利或許也扮演一定角色，如《菲律賓貿易法》就讓菲律賓大地主家族得以擴大出口糖、椰子油等來大幅獲利。

整體而言，菁英與地方豪強在戰後恢復元氣

的速度遠快於一般民眾，但部分人士的貪腐、政府的執政不力卻也讓菲律賓整體重建的速度不若預期。菲律賓國家疲態還未完全恢復，如教育體系缺資金、軍警薪資欠發等問題屢屢爆出，經濟也面臨稅收與外匯不足的危機，許多民眾持續批評羅哈斯及後繼的季里諾，與精英豪強的關係過從甚密、利益交相輸送，未把一般民眾需求苦難放在心裡。有些批評者說這些菲律賓領導人本質惡質不堪，外界雖無從驗證這類指控，但兩位自由黨總統權力基礎仰賴地方、受限於地方倒是事實，也構成了他們施展權力的緊箍咒。

在一九四八年羅哈斯因於心臟病過世後，繼位的季里諾獲得美國讓步，同意讓菲律賓施行資本管制來解決經濟危機，這給了菲律賓經濟部門以控制外匯分配來實踐進口替代政策的機會，美方也適時同意提供貸款協助，讓菲律賓二級產業得到了寶貴的喘息發展空間。由於前述發展成形，菲律賓最終成功地降低部分的進口依賴，而日本戰後重建與韓戰也提供了菲律賓出口擴張的機遇，帶動菲律賓經濟一時振作。總體而言，在季里諾時期菲律賓的經濟開始穩定好轉，賦稅改革讓稅收基礎擴張，政府預算赤字也終於轉正。

除穩定經濟以外，季里諾執政時期最重要的發展，還是他透過美方援助、軍事改革及移民政策逆轉了對虎克軍的頹勢。儘管虎克軍一度勢如破竹、甚至謠傳逼近馬尼拉，獲得美國協助的菲律賓軍警開始反敗為勝，這賴於美國軍事顧問及中央情報局（CIA）提供的寶貴反叛亂作戰建議，在組織與策略上現代化的協助，以及同時提供的大量資金與武器設備援助。此外，學者派翠希歐・阿比納萊（Patricio Abinales）與當那・亞莫索羅（Donna J. Amoroso）也指出，菲律賓政府透過協助虎克軍根據地農民們大規模移墾原先以穆斯林為主的民答那峨島（Mindanao），不但讓虎克軍軍事抗爭導向的政治經濟願景吸引力降低，也讓他們喪失了寶貴的戰鬥補充人力來源。當然，虎克軍曾從事的惡質綁票、搶劫、屠戮等行為，也是他們逐漸喪失普遍公眾支持、聲勢下墜的原因，再加上菲律賓軍警的鐵血鎮壓，讓虎克軍經歷這一連串打擊後，至一九五四年時只剩不到兩千名活躍成員，其領袖路易斯．塔魯克（Luis Taruc）也於該年五月向菲律賓政府投降——曾讓菲美雙方政府膽戰心驚的共產勢力奪權威脅就此暫時宣告解除。

虎克軍的逐漸潰敗，與季里諾時期的國防部長拉蒙．麥格賽賽（Ramon Magsaysay）的軍事策略與運籌規劃有密切關係。一方面麥格賽賽因此軍事成就獲得公眾讚揚，另一方面也因此讓季里諾與盟友開始擔憂麥格賽賽會成為他們連任路上的競爭者，於是在虎克軍開始顯露敗象、威脅大減後起而鬥爭他。不得不辭職下台的麥格賽賽，在勸進下決定代表國民黨出馬競選總統，以汰換他眼中腐敗又扯後腿的季里諾政府，最終於一九五三年的大選獲得勝選。

麥格賽賽早逝，停滯的變革進程

作為總統的麥格賽賽（一九五三—一九五七），擁有許多後人矚目的特質與政績。在背景特質方面，其中下層出身、非傳統政客出身的背景讓許多民眾更感親近，而前述軍事成就與反共立場讓商業團體、教會與保守派們放心，並帶給許多菲律賓人耳目一新的感受，也讓擔憂菲律賓淪陷為共產黨基地的美國信任。立場強硬的麥格賽賽曾針對虎克軍的議題提出想法：

「……在我們的生活方式，以及共產主義之間，不該有和平，不該有令人癱瘓的共存，也不該有灰色的中立主義，而只該有衝突——完全且不和解的那種。」

另一方面，麥格賽賽也深知非軍事手段的重要性：

「……單靠槍支不能解決問題。我們必須為年輕人提供可以擁有更好住房、衣服和食物的希望；如果我們做到，那麼激進份子們就會消亡。」

在國內外政策上，麥格賽賽也展現了鮮明的親美執政特色，在國際上領銜簽署《東南亞集體防務條約》，並和其他東南亞國家們成立以反共產主義擴張為目標的東南亞條約組織（Southeast Asia Treaty Organization, SEATO）；在國內則積極運用美國對他的好感與援助，出動軍隊、社會發展署（Presidential Assistant on Community Development, PACD）、菲律賓農業重建運動（Philippine Rural Reconstruction Movement, PRRM）及菲律賓農業進步會（Philippine Rural Improvement Society）等官民組織來直接推動鄉村發展與清除共產黨影響力。

麥格賽賽展現出積極加強中央政府貫徹政策的能量，不但修法提升總統行政職權，也鞏固專業技術官僚對央行與經濟規劃的掌控。然而，由於他同時大量運用了軍方與常規政府部會外的建制，因而隱憂地開啟了未來菲律賓執政者在權力上所採取的民粹路徑。無論如何，一九五七年三月一場飛機失事奪去了麥格賽賽的性命，讓我們無從見證致力發展「強中央」的麥格賽賽若做完任期甚至連任成功，菲律賓的歷史會不會走上什麼不同的發展路徑。

受命繼位、後並競選總統成功的國民黨卡洛斯．加西亞（Carlos Garcia，一九五七—一九六一在位），以及後來擊敗他連任規劃的自由黨迪奧斯達多．馬嘉柏皋（Diosdado Macapagal，一九六一—一九六五在位），兩位總統任內都出現了菲律賓國家現代化上的停滯時期，儘管這並不代表他們一無成就。加西亞的「菲律賓第一政策」（Filipino First Policy）讓華人企業受挫，菲律賓本土企業受益，讓菲律賓經濟領銜者出現多元化的樣貌，而菲律賓自獨立以來透過進口來管制政策創造的製造業、礦業與農業成長趨勢，也助攻了馬尼拉、宿霧等工商中心的發展。然而，兩人的施政成績也造成了許多反彈，譬如讓在麥格賽賽時期被重用、現在被邊緣化的軍方感到不愉快，也讓因「菲律賓第一政策」而感覺受損的美國企業憤怒，而持續不減的貧富差距更讓不少民眾心生不滿。

但兩人最大的錯誤，還是他們在對抗地方離心力上的努力都不夠，或不太成功。加西亞是因其施政重心所致，力圖有所作為的馬嘉柏皋則被大家族的利益輸送網絡及擔綱他們盟友的國會議員打敗，自己後續也陸續爆出醜聞，因此連帶也葬送了他欲推動通過國會的社會經濟和土地改革法案。加西亞與馬嘉柏皋在集權中央方面的失利，其實不只是他們自己的問題，而是在虎克軍勢力衰敗後，壓力頓消的菲律賓菁英與豪強大鬆口氣、故態復萌，美國也稍微放鬆了要求改革與中央集權的呼籲。在此過程中，逐漸被地方利益綁架的國民黨和自由黨，開始變成兩個幾無理念差異的選舉載具，並擔綱自地方萌生、用來牽引中央資源的利益輸送管道，而成了菲律賓政黨政治扭曲變形、欠缺制度化重要的起源點。面對這樣的離心力加強，菲律賓的國家現代化開始陷入了停滯，弱體制弊病不但沒有消失，反而在戰後的菲律賓政治越來越鞏固。

馬可仕登場的時代背景

在獨立近二十年後，由於前述的困局與挫敗，菲律賓政府形象已經和無效率、貪腐等字眼聯想在一起，因此當一九六五年參議員馬可仕競選總統時，並沒有太多人會對他「這國家可以再度偉大」的選舉語言心動，也沒有太多人輕易相信他會真的能如同承諾般地清除貪汙腐敗的問題。然而，依靠他造假的二戰戰時功勳、與糖業家族的戰略合作、北呂宋島鐵板一塊的支持，以及民粹的競選語言，他還是獲得了最終的勝利，擊敗尋求連任的馬嘉柏皋。

馬可仕一上任，在某些方面就採取了有麥格賽賽影子的親軍路線。首先是對菲律賓軍隊的重用，他不但親自出任國防部長、積極擴張國防預算、延任將領退休年齡，還積極運用他們主導推動鄉村發展與基礎建設，廣建鄉村地區公立中小學。而菲律賓大學的國際水稻研究所（International Rice Research Institute）推動的「綠色革命」，則讓菲律賓稻米產量大增，從一九六八年起達成稻米產量自足。

儘管這些政策規劃帶給馬可仕暫時的成功果實，但國會對出口徵稅的抵制、稅制改革的挫敗，迫

1966年10月26日，美國總統強森（Lyndon B. Johnson，右下）在菲律賓總統馬可仕陪同下視察國際水稻研究所。

使他向外大規模舉債來金援這些發展計畫，這樣的舉動最終帶給菲律賓沉重的財政負擔。向外舉債本身並無問題，適量即可，然而當菲律賓的農業及原物料出口因國際市場價格滑落而受挫，再加上美國援助減少，就會為菲律賓帶來的巨大的財政衝擊。此外，原本菲律賓稻米生產技術已有起色，但美國需求拉動的糖和椰子油生產搶走了糧食作物的部分生產空間，許多土地過小的稻農也因貧乏的鄉村建設、農業借貸與相關政府服務而無力加強生產力。綜上所述，無論是生產經濟作物或糧食作物的農民，數量龐大，挫敗失業的他們開始加速湧向都市，希望尋找新的工作機會。然而，當時菲律賓工業基礎還很薄弱，無力消化這些鄉村進城人口。

一場菲律賓的經濟、政治及社會風暴便開始醞釀了。

儘管一九六九年馬可仕大規模運用公款賄

1966年12月30日馬可仕第二任總統就職儀式。

選、綁樁的方式競選連任成功，但他繼續向外借貸補財政赤字所展現的無能力，也讓通膨問題越來越嚴重。反對他的勢力也沒閒著，如倒向議會路線的舊菲律賓共產黨在整風運動後，其中的毛派於一九六八年底毛澤東生日當天脫黨成立新菲共（Communist Party of the Philippines, CPP），並聯手正亟於重振的虎克軍，武裝發起人民戰爭，對馬可仕政府形成威脅。在一九六八年初發生菲律賓軍隊殘殺穆斯林士兵的「賈比達大屠殺」（Jabidah Massacre）之後，積怨已久的民答那峨島穆斯林深感憤怒，於是協助促成當地數個要求獨立的武裝反抗組織，從此開啟了他們和菲律賓軍隊的長期武裝衝突。總而言之，政府本身的腐敗失能、共產黨與穆斯林的武力衝擊、國家的經濟危機，以及學生團體與工會組織在都會區的抗爭活動，都讓菲律賓全國加速陷入動盪。

多方權謀下的「首季風暴」

這段時期在都會地區動盪不安，最受外界關注的是日趨激化的學生抗爭。在許多抗爭活動中，最著名的是一九七〇年一月至三月，多場激烈示威且活動地點多在馬尼拉的「首季風暴」（First Quarter Storm）。這是菲律賓前威權時期的指標性事件，也是馬可仕宣布戒嚴前的重要前奏。

根據菲律賓史學者約瑟夫・史嘉利斯（Joseph Scalice）的研究，一系列「首季風暴」的示威與衝突讓首都進入極度緊繃的狀態，過程中軍警血腥暴力的鎮壓，激起更多學生挺身反抗，然而這種激化暴力的衝突迴圈，卻是多方勢力私下角力運籌的意圖性結果。如馬可仕希望日益暴力的街頭衝突，能夠讓他有足夠正當性宣布戒嚴，他在日記中寫道：

「現在必須將這些混亂導引成危機，以便採取更嚴格的措施……多一點破壞和故意搗毀，我就可以做任何事情……我們應該讓共產黨人適度集聚力量，但不要強到我們無法戰勝他們的程度。」

「我暗中希望示威活動襲擊總統府，以便我們採取整體解決方案……我有一種確定的感覺，那就是我最終會擁有獨裁權力。」

馬可仕是有盟友的，如受蘇聯影響、與馬可仕暗地合作的舊菲共，後者就因統一戰線、推動民族民主的方針，在批判西方資本主義與美國帝國主義時，也企圖將對馬可仕的政治攻伐，轉移卸責為整個體系的問題。舊菲共批判無政府主義與躁進抗爭，認為這只會提供其他資產階級右翼勢力政變的機會，若體制只是換頭不換身，對菲律賓無產階級是沒有正面意義的。

在一九六八年十二月脫黨成立的新菲共方面，他們受到毛澤東思想的影響，積極宣傳「農村包圍城市」路線；但由於他們判定菲律賓社會仍處於追求民族民主而非社會主義革命的階段，他們也與反馬可仕的資產階級政治人物聯手，收受他們的物資與金錢援助，並鼓動學生運動挑戰馬可仕統治，希望藉此協助他們的自由黨盟友奪權。若學生在這鬥爭過程中激化，或被政府給緝捕，他們正好也會成為新菲共招募新員時的標的。

在學生高唱理念、奮勇向前的鬥爭上，背後全是這些大人們視人為棋子的權謀算計。對新舊菲共來說，與馬可仕這樣的大地主大資產階級們聯手合作並非新鮮事，反而是他們眼中正當鬥爭奪權的策略。如先前舊菲共就有安排左翼工人黨派與馬嘉柏臯總統合作，讓前者於一九六三年和執政的自由黨合併，而自由黨的農民組織「農民自由聯盟」（MASAKA）也是由舊菲共協助成立。後來當舊菲共與馬嘉柏臯關係轉差，舊菲共便於一九六五年大選時轉而背書支持馬可仕，主要是因馬可仕承諾不會派菲律賓軍人參與越戰（這承諾在就職後迅速被打破）。就任後，馬可仕後也透過舊菲共人脈協助，與蘇聯展開祕密接觸。

相對於和工會的合作，菲律賓共產黨勢力和學生運動的制度化關係則起步較晚。雖然早前有部分左傾菲律賓大學生創立於一九六一年的「菲律賓大學學生文化協會」（Student Cultural Association of the University of the Philippines）等組織抗議政府反共政策干預學術自由、菲美不平等貿易關係等，但菲共青年組織「愛國青年」（Kabataang Makabayan, KM）卻是一九六四年十一月時才創建，開始大規模展開青年群眾工作。

然而，這樣的逐步親近、疊合恰巧發生一個有意思的時間點——一九六〇年代全球的新左派、反文化運動熱烈發展，在巴黎、舊金山、東京、雅典等地催生了激烈的學生抗爭這股全球性風潮。與西歐、日本等地方一樣，戰後菲律賓有史無前例大量的年輕人上大學，一九六九年時就有超過五十萬名大學生，其中不少人是中下階層出身的第一代大學生。然而，面對壅擠、尚未準備好接受這麼多學生的菲律賓各大學教室、宿舍環境，以及此起彼落的學費調漲、校園勞權等議題，許多不滿的菲律賓大學生（大多集中在馬尼拉地區）逐漸選擇採取直接抗爭的行動來爭取權益，因此與校方屢有衝突。在此脈絡下，新舊菲共的校園組織積極招募成員、宣傳思想，也逐漸在校園中擁有聽命於自己指導的勢力——對一些心向左翼的菲律賓大學生來說，正在中國發生、被浪漫化形象的文化大革命深具吸引力，自一九六七年起就有不少人找機會偷偷繞過旅遊禁令前往北京朝聖。

在學生日益激化且新舊菲共交叉利用的態勢下，學生原先主要關注校園議題的抗爭，逐漸成了控訴馬可仕是「法西斯主義者」、「美國帝國主義走狗」的全面性政治鬥爭，再加上學生團體裡被積極鼓動運動激化的警方和新舊菲共臥底人員滲透，學生抗爭活動時的衝突也越來越多。於是，一九七〇年的「首季風暴」就在此時空背景下揭開序幕。

一九七〇年一月七日，包含「愛國青年」在內的親新菲共學生組織於菲律賓總統府馬拉坎南宮（Malacañang Palace）外集結，他們自稱為「學生改革運動」，現場喊的口號卻逐漸轉變為警察暴力、馬可仕的法西斯色彩等校園外政治主題。這樣的擴大激化，與可能隨即而來的軍警鎮壓，是新菲共預期甚至樂見的，他們認為這對革命事業大有幫助，如當天「愛國青年」所準備的傳單內容表示：

「馬可仕軍政府對人民的民族民主願望的法西斯鎮壓愈演愈烈，只會為真正從美國帝國主義和地方封建主義中解放出來的鬥爭，爭取到更多的擁護者。」

他們也全力批判馬可仕政府，指控他與美國、日本帝國主義及蘇修共謀：

「反動的馬可仕政府強化並深化了對美日帝國主義、蘇聯社會帝國主義蘇聯在亞洲新殖民計劃的承諾……計劃與偽社會主義國家、特別是蘇聯建立貿易關係……蘇聯已經變成了新資本主義國家，它不僅像美國一樣剝削和壓迫自己人民，還剝削和壓迫其殖民地的人民。」

但在親舊菲共的學生團體這方，他們的發言卻相對地正面看待馬可仕，炮火則集中在軍警上，並批判運動中的躁進份子：

「馬可仕先生將利用他作為第一位連任總統的地位，將國家從新殖民主義發展的災難性道路中拉出來……」

「（軍方）招募學生領袖到情報單位，並利用他們滲透進步青年組織……將這些組織推向災難性的冒險主義路線，並在真正的反帝國主義隊伍中製造分歧。」

1970年1月26日馬可仕在國會演講時，抗議學生在國會外集結抗議。

學生集會活動，如海浪般一波接一波，對內的紛擾爭奪不斷，對外的激昂情緒下也越來越容易擦槍走火。同月二十六日馬可仕在國會舉行國情咨文演講後，場外集會的學生與警方相互推擠，學生朝警方投擲石塊水瓶，警方回擊也非常暴力，棒打學生過程中甚至殃及無辜旁觀的記者──警方的衝擊，最終造成超過三百名學生受傷，大量學生被捕，而警方這邊也有七十二名傷員。儘管馬可仕辯解是新菲共挑動學生，這場血腥衝突仍引發社會輿論譁然，大學生們則以罷課行動回應，菲律賓大學校長羅培茲、教員也於二十九日遊行至總統府和馬可仕會面，轉呈他們的書面宣言及不滿。

遺憾的是，這樣暴力的程度還未達到頂峰，甚至只是剛剛開始而已。三十日於總統府附近的曼迪歐拉街（Mendiola Street）及曼迪歐拉橋（Mendiola Bridge）上發生的衝突更為激烈。當天馬可仕在總統府與學生代表會面，學生要求馬可仕簽名承諾不會競選下一任總統，當場被暴怒的馬可仕回絕，雙方不歡而散。在後者傍晚離開時，總統府門口的集會卻突然開始衝突，軍警用催淚瓦斯和水柱攻擊學生，一場大戰再度爆發。面對劣勢，學生們用大聲公貨車指揮回擊，與軍警在曼迪歐拉橋上及附近血腥攻防。過程中有四名抗議學生中槍死亡，另有一百零七名學生受傷、數百名學生被捕。

事件過後，新菲共發表激昂的聲明：

「一月二十六日至三十日的暴力事件表明，在武裝反革命面前，全體菲律賓人民越來越意識到需要進行武裝革命鬥爭……（示威活動）是民族民主革命積極份子，也是菲律賓共產黨和新人民軍（New People's Army，NPA，隸屬新菲共的武裝部隊）潛在成員、戰士的豐沛來源……革命形勢從來沒有這麼好過！」

馬可仕則當場嘉獎了現場軍警指揮官，隔天也在電視上發表演說：

「對於這些亂黨份子，我有一個訊息，我的訊息是：任何強行推翻政府的企圖，都將被立即制止。我不容忍也不允許共產主義者接管……共和國將用其能指揮的所有力量保衛自己，直到你們的武裝份子被殲滅。而我，將會帶領大家。」

打破僵局，馬可仕出手

受挫且方向漸漸發散的「首季風暴」因學生學期結束而於三月開始消退，然而菲律賓各地的大型抗爭活動仍此起彼落地進行著，如三月親共產黨團體組織於馬尼拉主辦的反法西斯遊行、反貧窮遊行等。在校園內，新菲共領袖西松（Jose Sison）的代表著作《菲律賓社會與革命》（*Philippine Society and Revolution*）於同年七月開始在大學報紙中分期刊載，校園的學生左翼勢力（含親新舊菲共的組織）聲勢也日益浩大——儘管「首季風暴」暫時成過去式，但新的抗爭浪長仍源源不絕地衝擊著。

一九七一年二月，學生們在馬尼拉的菲律賓大學迪里曼分校（University of the Philippines Diliman）築起防禦工事，占領校園成立了「迪里曼公社」（Diliman Commune），也多次擊退軍方向內的攻擊，而且首都其他大學校園也有發生類似行動。這波行動的死傷也相當慘烈，有六名學生在馬尼拉各處的校園行動中死亡。同年五月一日勞動節，親新菲共的青年組織在國會前集會時和現場軍警爆發衝突，而現場軍警部隊有些是剛從鄉村地區對應新人民軍的反叛亂行動中被抽調回來的，鎮壓手段尤其暴力，當天有三名抗爭者死亡、十八名受輕重傷。革命衝突的烈火在馬尼拉越演越烈。

上述許多衝突過程中，與馬可仕有嫌隙的國會反對派和敵對豪強菁英，也未放過這些打擊馬可仕執政的機會，他們持續站出來支持與他們的理念、背景少有重疊的學生革命活動，甚至希望從中獲取政治資本。如前總統之子、自由黨籍眾議員約翰・奧斯米納（John Osmeña）與親共產黨組織曾多次同台舉辦活動，大力批判馬可仕，他在宿霧市某種活動登場時甚至還放〈國際歌〉，操著左翼語言批判馬可仕的「法西斯政權」、「帝國主義控制的經濟」及「封建地主的貪婪」。面對各方衝擊挑戰，四面楚歌的馬可仕明顯居於下風，當時政局不穩，甚至傳出有軍方人士想要運作讓馬可仕倒台，事實上也已經有軍方人員叛逃投靠新人民軍。然而，握有軍方高層支持的馬可仕堅決拒絕交出權力。

緊抓權力的馬可仕終於等到了合適的機會。一九七一年八月二十一日，在米蘭達購物中心（Plaza Miranda）舉行的數千人自由黨的競選集會遭到手榴彈攻擊，不幸造成九人喪生與近百人受傷，包含多名自由黨政治人物。當時受害的自由黨指控馬可仕是背後黑手，馬可仕則聲稱是共產黨幹的，並因此事故宣告中止人身保護令（habeas corpus），隔年再藉故宣布戒嚴。雖然這鐵腕作為獲得不少渴求穩定的菲律賓民眾的支持、暫時抑制動盪，但也徹底激進化了反馬可仕陣營中的部分溫和派。直至今日，已公布的證據與調查結果都無法證實誰該對米蘭達廣場事件負起責任。無論如何，新的政治局面逐漸產生了，由於國家資源輸送網絡開始被馬可仕家族與親信收編壟斷，反對派豪強菁英痛苦不堪，在選舉被取消、國會被架空之下，他們也失去了大部分體制內的制衡機制。日益失去鬥爭路線的反對派在經歷短暫癱瘓後，儘管有些人倒戈妥協，但有些人選擇逃往美國，或是硬頸抵抗，與共產黨、穆斯林分離勢力展開體制外抗爭的合作。這些豪強菁英未被馬可仕抄去的「家產老本」，最終變成撐起反馬可仕陣營的資金來源，成為他們等待時機轉圜時的活命銀彈。

第四章 威權時代的複雜實象

一九七二年九月二十三日晚間，表情嚴肅的馬可仕透過電視、廣播向全體菲律賓國民說明他在兩日前簽署戒嚴令的決定。馬可仕再三強調這不是軍事政變，而是通過憲法賦給他的權力，讓他可以有效對抗共產黨等國內敵對勢力的威脅，終結眼前菲律賓的「無政府狀態」。然而，停止動盪不是馬可仕的最終目標——他聲稱戒嚴除需「拯救國家」外，同時還要「改革社會」。

自前一年宣布中止人身保護令後，戒嚴令的發布再度重挫反馬可仕陣營的成員。原來一息尚存，仍在持續爭權的反對派政客、熱烈運作的社會運動、批評時局的媒體一夜之間被消音——菲律賓軍隊火速逮捕數千名異議人士，解除敵對豪強菁英家族的私人部隊，同時突擊校園、宗教團體與電台報社等機構，並暫停國會運作。逃過一劫的學生、記者與工會人士中，有些選擇藏匿、出國躲避，另外一些則上山投向共產黨，成為他們發展的大助力。在這過程中，美國政府保持異常靜默，因為在冷戰戰線的需求下，他們相信由一位強力領導人領頭來壓制菲律賓共產黨是必要的。

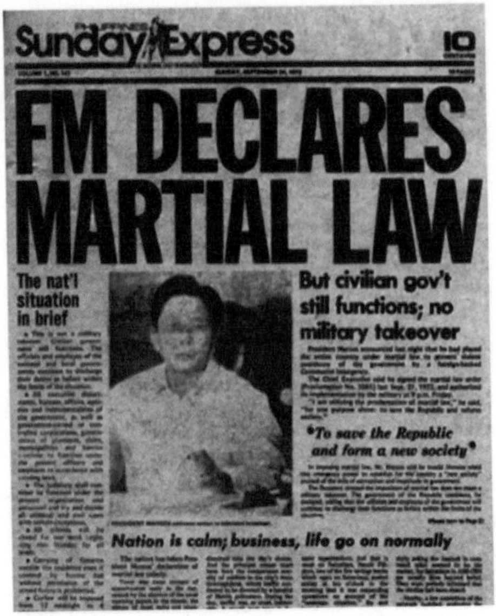
Sunday Express
10
FM DECLARES MARTIAL LAW
The nat'l situation in brief
But civilian gov't still functions; no military takeover
"To save the Republic and form a new society"
Nation is calm; business, life go on normally

1972年9月24日菲律賓報紙頭版寫著斗大的"FM Declares Martial Law"。

戒嚴統治下，馬可仕的國家發展願景

如前章所述，自二戰後獨立的現代國家菲律賓，其「強地方、弱中央」性質一直是許多菲律賓人心中的困擾，而在民主制度無力突破困局、美國依然對菲律賓保有不對稱影響力的現實下，「後殖民」的「強國家」成為許多政治領袖嚮往的解方與目標，希望能殺出一條讓菲律賓向上發展的平坦道路。然而必須強調的是，菲律賓藉由各種解方的思考，與政治思想堆砌而成的「後殖民」的「強國家」的國家願景，並非只有一種，而是在各願景支持者之間頻繁的競爭攻伐，最終卻不幸擴展至既有體制內競爭框架外，成為多路人馬出手推翻或緊控政府的緣由。最後在不少菲律賓人眼裡，體制內的改革已經無效，豪強菁英宰制菲律賓的狀況也無解，只有藉由發動一場轟轟烈烈的革命，才能創造他們心目中的理想菲律賓。

由此可見，在馬可仕時期威權、血腥與貪腐表裡下，潛藏運作的是菲律賓各種國家發展願景最激化的競爭，而這時期不單純只是一個民主倒退的威權故事，「民主」與「威權」也不是當時唯一值得探討的議題軸線。在此期間，馬可仕的「新社會」（New Society）、菲律賓共產黨的「國家民主」（National Democracy）與參議員班尼格諾．艾奎諾（Benigno Aquino Jr.）的「基督教社會民主主義」（Christian Democratic Socialism）等幾條政治路線持續交疊競爭，為了擁有實踐的權力而拚得你死我活。這裡要提醒的是，這些相異的政治路線並不是在馬可仕時期才突然創造出來的，許多是奠基於西班牙、美國殖民時期輸入菲律賓的思想養分，或晚近菲律賓社會引進的西方思潮，並與菲律賓在地的經驗相糅合。

這種由各類國家願景相互學習和辯論，或不幸武裝鬥爭的政治地景，是二戰後許多新獨立亞非國家皆曾面對的歷史歷程——有人景仰共產左翼的道路，也有人追隨社會民主；有人學習美式自由民主，也有人嘗試在冷戰左右軸線間走出一種第三條道路。在這股全球趨勢中，菲律賓沒有例外，也不是在到馬可仕時期才開始發生，只是戒嚴時期展現了菲律賓各政治願景彼此間最激烈的槍桿相向、縱橫捭闔。先是馬可仕發起的血腥獨裁，但也有共產黨武裝回擊，及其他反對派人士的炸彈暗殺計謀，各方積極地爭奪政治權力，一部分是為了站上舵手位置，導引國家走上心目中正確的方向。從這角度來說，威權時期就是菲律賓各種國家願景路線的決戰舞台，若要了解這時期的全像，就必須理解驅動這些對抗與壓迫的思想藍圖樣貌。

馬可仕是獨裁者，但他是擁有什麼政治主張的獨裁者呢？若將馬可仕談的「新社會」（New

馬可仕著、1971年出版的《今日的革命：民主》（*Today's Revolution: Democracy*）。

Society）置於第三世界、新獨立國家發展的脈絡來探討，我們也許能看到些不同面向。在超過二十年的總統生涯裡，馬可仕撰寫（或掛名出版）的專書超過十本，如《今日的革命：民主》（*Today's Revolution: Democracy*）、《關於菲律賓的「新社會」的筆記》（*Notes on the New Society of the Philippines*）等。儘管這些作品和馬可仕日記一樣可能都有宣傳的作用，而且難以令人相信全由本人撰寫，但其所呈現的馬可仕政治願景仍值得談究討論。

馬可仕在這些著作中宣稱，要解決國家現有的民粹主義、豪強菁英家族壟斷、經濟不平等問題，菲律賓的政治必須更加「國族主義」（Nationalist）、「制度化」（Institutional）、更「社會主義」（Socialist）——為了創造這樣的環境，馬可仕聲稱他是通過戒嚴來打造「新社會」，而這個「新社會」將由政府運用「沒有血腥的憲法改革來達成大幅度的社會變革」。馬可仕認為，雖然許多菲律賓民眾不滿意歷來菲律賓政府的表現，但民眾過往對政府功能的負面理解，大都因為少數家族壟斷政治所帶來的汙名，讓政府在民眾眼中成為富人壓迫窮人的工具。如今，為了應對共產黨、穆斯林勢力的暴力挑戰與動盪不安，馬可仕認為菲律賓現在就需要政府體制來洗刷過往的無效率、掙脫寡頭控制，以轉型成為國家政治、社會與經濟結構性調整的主導者。對馬可仕而言，政府轉型進化，才能將菲律賓民眾的支持自共產黨那邊贏回來，以避免一場血腥的、無意義的「雅各賓式」（Jacobin）革命——馬可仕於書中稱，共產黨和豪強菁英家族們一樣，都只會把政治權力自民眾手裡奪去，不會帶來真正的民主，而只有他的「新社會」才會為良善治理鋪路。

和西方國家相比，菲律賓等新獨立亞非國家需在短時間內完成他們耗費數百年才完成的社會、政治與經濟工程，而過往西方國家採取的帝國主義發展模式，現在的亞非國家已經不可能採行——這樣的內外部結構，讓如何克除大規模貧窮成為馬可仕書寫的重要課題。面對菲律賓「舊社會」（Old Society）遺留的經濟不平等問題，馬可仕表示國家要在「民主化」（Democratization）與「社會化」（Socialization）私人財富間作抉擇；前者的財富受到憲法保障，但仍要因公共需求被規範，而後者則基本上廢除私有財產制。馬可仕強調菲律賓需快點選擇前者路線，通過有效規範私有財富，和平的革除舊豪強家族們的經濟壟斷，這樣才能將不滿民眾重新吸收回民主體制裡，避免沸騰民意被共產黨的暴力革命吸收。在這方面，馬可仕批評他的頭號政敵艾奎諾代表的傳統政客們，對窮人權利都只是嘴上說說，最終仍是自身利益、家業擺前面。馬可仕寫道，「『平等』是窮人們叛變的根本訴求，而這應該是『新社會』背後的意識型態力量」，因此「新社會」也將致力抗衡豪強菁英家族們，並推動社會變革來提升窮人生活條件，特別是在土地改革方面。在此過程裡，政府體制將成為「新社會」全面變革唯一推動者，為菲律賓在資本主義與共產主義間殺出條新道路。

半封建半殖民之下，共產黨的奪權盤算

對馬可仕的反對者來說，這種「新社會」並非菲律賓社會的解方——無論在山野間頑抗的新菲共領袖西松（Jose Ma. Sison）或在監獄裡的艾奎諾，都各有不同政治主張，而且駁斥馬可仕的論調不過是替威權統治作表面美容。

大學時代即為重要學運參與者的西松，曾在六〇年代參與舊菲律賓共產黨（Partito Komunista ng Pilipinas, PKP），最終因不滿黨內家族門閥般的運作及其定調的議會路線，而選擇與老一代領導階層翻臉，在一九六八年十二月成立毛派的新菲共（Communist Party of the Phillipines, CPP）。毛派的新菲共稱讚當時中國的文化大革命，批評蘇聯、劉少奇等毛澤東敵人，並將舊菲共標籤為修正主義者。

根據西松的分析，菲律賓社會為「半封建半殖民」性質，受美國與少數豪強菁英家族共謀荼毒，並表示帝國主義、封建主義與官僚資本主義是菲律賓社會受困的主要原因。而由於「半封建半殖民」的社會性質，菲律賓革命不能稱為「無產階級社會主義革命」（proletarian-socialist revolution），還需先透過菲律賓共產黨（此後代稱新菲共）所領導的「國家民主」革命來轉型——在「國家民主」階段，可與艾奎諾這些「傳統政客」、「買辦地主」合作統一戰線，而這將為後來的社會主義階段鋪路，最終

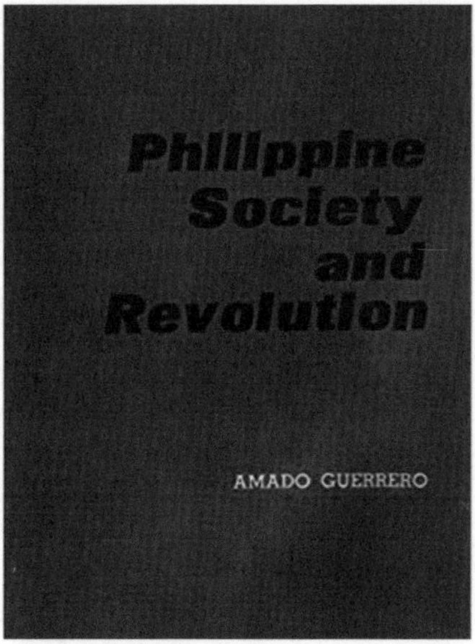

西松以筆名撰寫的代表作《菲律賓社會與革命》（*Philippine Society and Revolution*）。

將菲律賓帶往共產社會。西松認為菲律賓共產黨要好好利用資產階級與地主階級內部的矛盾來發展——艾奎諾與馬可仕間的熱烈爭鬥就是他眼中的可趁機會。

透過艾奎諾的介紹，菲律賓共產黨與舊菲共軍隊一位地方統領展開合作，建立新人民軍，同時在一九七三年成立統一戰線「國家民主陣線」（National Democratic Front, NDF），希望擴大聯合不同社會部門、團體與人士來鬥爭馬可仕等「反動勢力」。西松這樣的安排強調以武裝鬥爭為主軸，組織活動則居輔助地位，並針對菲律賓破碎的地理、語言環境，定調為「集中領導與分散行動」，讓各地黨支部、游擊基地擁有相對高的自主權，而黨中央只負責大型政策和指導方針——然而當中央與地方意見或策略不同調時，黨中央還是可以用盡一切壓力去貫徹他們的路線主張。

左右夾殺下，艾奎諾的論述戰術

與共產黨武裝鬥爭路線相比，反馬可仕陣營要角、地方菁英家族出身的參議員艾奎諾，選擇拆解馬可仕路線正當性的策略。面對自由主義政治精神被左翼國族主義者與馬可仕貼上西方舶來品的標籤，艾奎諾一直努力調整建構他的政治論述，希望可以找到能引發民眾共鳴、激發反抗意志的有效語言。在他眼中，許多人並不是真的服馬可仕，而是怯懦害怕——他曾於獄中信件中向朋友表示：

「有多少我們敬愛的同事，私下為正在發生的事情感到羞恥，卻公開地在廣播和電視上稱讚獨裁者，說的好像他是有史以來最偉大的菲律賓人？」

在艾奎諾受難坐監（一九七二－一九八〇）時撰寫的《來自牢房裡的自白》（*Testaments From a Prison Cell*）裡，他將馬可仕政府稱為「極權政權」（totalitarian regime），並將馬可仕比擬為納粹德國的希特勒，稱馬可仕的「新社會」事實上是通過恐懼來統治人民，並奪去人民的多項自由。儘管艾奎諾表示馬可仕以他「獨特的方式」愛著菲律賓人民，他仍批評馬可仕是因為權力慾才宣布戒嚴，選擇成為一個貨真價實的獨裁者。

艾奎諾和菲律賓共產黨的關係，始終讓外界好奇，批評者總對此大作文章。他並非共產黨員，但過去曾擔任政府特使和共產黨領袖談判，與一些共產黨成員建立人脈，包括西松。在艾奎諾巧妙的管理下，妻家在呂宋島中部丹轆省（Tarlac）的路易西塔大莊園（Hacienda Luisita）自六〇年代成為左翼團體組織的重要根據地，而他則反向利用這結盟關係抗衡其他地方的敵對政治人物。新人民軍在路易西塔大莊園四處活動，不但不會侵擾「萬惡地主」的產業，還會提供武力保護，甚至可能協助鎮壓當地不滿的農民——這些有些難以解釋或顯得光彩的經歷在《來自牢房裡的自白》都被刻意消除。艾奎諾於書中辯稱，他是認識共產黨人，是瞭解共產主義，但絕對沒支持這「外來意識型態」，也不支持「透過武力或暴力推翻政府」，儘管表示他同情菲律賓共產黨崛起背後的困頓社會現實，認為這些共產黨員並不「邪惡」，而只是應對廣大貧苦民眾需求的產物，是道道地地的愛國者。

此外，儘管書中攻擊的主要對象是馬可仕，艾奎諾仍意味深長寫道在共產黨專政下「菲律賓將被菲共/新人民軍全盤統治，不會有自由黨、國民黨或甚至菲律賓社會黨的空間。不再需要我們這些政治人物。」傳統菁英家族出身的艾奎諾踩在舊社會既得利益者的位置，面對馬可仕與共產黨兩面夾攻、同樣得批評少數家族壟斷舊社會的惡行惡狀，也感受到要在政治主張方面有所回應與創新的迫切性——這成為他提出西德、奧地利與北歐多國實踐的「基督教社會民主主義」作為自我認同、作為解方的背景。和當時其他高舉自由主義大旗的部分反對派不同，艾奎諾等有選擇在政治主張裡添加些社會主義成分，希望能加強他們應對馬可仕與共產黨批評時的正當性。

艾奎諾即宣稱，資本主義必須改革，必需重新尋回「經濟」與「政治」兩自由間的平衡，但由於「民主的終極價值在『自由』，不在『財產』」，共產主義並不會是適切解方。艾奎諾認為揉合「政治自由」與「經濟、社會平等」的基督教社會民主主義有參考資本主義、共產主義的優點，是可以透過政府積極實施經濟管制、社會福利與經濟規劃等變革帶給民眾福祉，儘管他對國有化、土地改革等政策軸線抱持比較謹慎保守的態度。這是當時諸多反馬可仕陣營政治人物的共同困局；大多菁英家族成員出身的反對派的論述軸線多卡在「政治自由」層次，而談「經濟、社會平等」的力道受限於自身背景總比不上菲律賓共產黨。多數反對派政治人物僅和共產黨保持濃濃現實色彩的策略聯盟，維持著「亦敵亦友」、「同床異夢」的微妙關係。

同樣的，共產黨也沒有放過適時打擊這些非共的「暫時」夥伴。西松即曾指控，這些自稱「基督教民主主義者」、「社會民主主義者」的人在七〇年代大多擁護馬可仕帶來的繁榮經濟，並將精神主要放在打壓共產黨革命、自我套利上，只是當時偶而會在人權議題上出聲而已。和西松的全面拒絕妥協相比，戒嚴時期的反對派政治人物確實常在談判、非暴力抗爭與武裝鬥爭等路線間舉棋不定，然這未必就代表他們只是無膽怯懦，而是一方面展現政治環境險惡的現實，因此需要考量最有可行的應對策略。艾奎諾被關在監獄長達七年多，還曾被判處死刑，直到一九八〇年赴美國就醫才逃過一劫——要說這些反對派政治人物單純苟且並自利，似乎也不大說得過去。

威權治理先盛後衰

在馬可仕的戒嚴統治下，重整旗鼓的菲律賓經濟在一九七〇年代中期達到顛峰。綠色革命發揮效用，這搭配有利的國際原物料價格，加上菲律賓逐步成長、現在有加工出口區加持的工業基礎，一同促成了菲律賓出口擴張，甚至在一九七四年創造了菲律賓戰後首度的國際收支帳正字。在這過程中，菲律賓一邊積極向外借貸、轉投資國內產業來促進發展，一邊小心翼翼控制債務不要成長過於快速。

這些成就要歸功於渴望翻轉舊政治模式的技術官僚，總統直接管轄下的部會官署也大量增加，他們獲得馬可仕授權，得以在豪強菁英家族干擾大幅降低的情況下展開治理變革、促成菲律賓「發展型國家」的雛形。這些技術官僚的成績斐然，不但推動了當時菲律賓有史以來最具深度的土地改革，他們所催生的國營企業也進軍原先由少數家族壟斷、或投資不足的產業領域——這些新政策不僅為菲律賓經濟帶來成長，也協助馬可仕排除政商界的敵人。此外，舊菲共與不少左傾人士也支持馬可仕的戒嚴統治，甚至擔任官職，視此為菲律賓擺脫舊勢力、推動改革的契機。

由於馬可仕的積極反共吻合美國冷戰戰略需求，美國政府也大力支持這些新政策，並提高對菲律賓的援助。必須強調的是，這並不代表馬可仕是美國傀儡，儘管共產黨、反對派政治人物總是刻意貼標籤渲染——馬可仕時期事實上是菲律賓外交政策獨立性抬頭的重要節點，無論是派夫人等特使赴北京拜會周恩來、毛澤東，或與中共、蘇聯建交並國事訪問等方面，馬可仕時期外交非常活躍，自主性與創意性是超過去菲律賓總統的格局。馬可仕與中共接觸和建交，後者大談包含互不干涉內政的「和平共處五原則」，此發展讓毛派的新菲共有苦說不出，一方面只能公開支持這一發展，聲稱這是菲律賓革命鬥爭的勝利，另一方面卻嘴硬「中國從不與任何超級強權談判妥協自己的原則，始終是為自己的原則勇敢地戰鬥」，並強調菲律賓革命只能靠自己。

在一九八〇年代初期，馬可仕夫人甚至表示，若美國不體面地對待菲律賓，後者可能會轉向中國或蘇聯。當馬可仕被美國《時代雜誌》問及夫人的發言時，他表示：

「……這一定是衝動發言，她知道這個選項很久以前就不存在了。只要我還是總統，共產主義就不可能在這裡（菲律賓）蓬勃發展。但這並不意味著你（美國）可以為所欲為，隨心所欲地傷害菲律賓，還同時期望可以保有菲律賓。你可能會失去菲律賓，譬如若菲律賓遵循中立政策。不一定要和蘇聯或中華人民共和國聯手。」

在馬可仕的外交團隊中，一直存在著許多希望能在不衝擊美國安全保障的前提下，尋求更大更多元國際空間的人士——曾在一九五五年萬隆會議時主張亞非國家不但要「獨立於西方」、還同時要積極「反共」的知名菲方代表卡洛斯・羅慕洛（Carlos P. Romulo），在一九六八年被馬可仕任命為外交部長，成為菲律賓這新外交路線的主舵手。馬可仕本人經常公開倡議這類要「獨立於西方」的國族主義理念，曾在演講中論及第三世界時表示：

「……第三世界的人民為擺脫殖民統治而進行的劃時代鬥爭，尚未被充分認識。直到現在，即使是美國的戰略家和學者，似乎也還沒有意識到和理解國族主義的威力。他們仍然在詆毀它，而這也是他們最嚴重的錯誤之一。」

「……現在國族主義不只是一個國家不妥協的旗幟，它同時也是團結第三世界成員反對不公正世界經濟秩序的旗幟。

也許它可能不會被用來帶來暴力，也不應該被用來製造暴力，但它無疑是第三世界人民聚集在一起的重要的、充滿活力的動能。我們不再單獨談論菲律賓人。我們也不再單獨談論馬來西亞，或單獨談論印度尼西亞。在我們這個地區，我們有東協，但這還不夠——我們現在有了七十七國集團（Group of 77）。

什麼是七七國集團？七七國集團由聯合國成員組成，當時他們環顧四周，發現他們擁有在聯合國內可投票壓過任何國家所需的票數，然而他們卻受聯合國現有的決定所苦。他們因此決定聚在一起。什麼讓他們走在一起？是國族主義。什麼把他們團結在一起？他們是如何組織起來的？他們打著國族主義的旗號，將自己組織成七十七國集團，來威懾任何形式的侵犯。」

然而，埋藏上述外交經貿表現下的，是菲律賓大量外債與裙帶資本主義的難題。外債光是一九七四年至一九七八年間就翻了三倍，而儘管投資於菲律賓國內生產毛額（GDP）中比重高，其創造出來的成長卻較其他鄰國少許多，這一方面是因為在這些投資中營造占比高，如馬可仕夫人熱中推動興建的豪華飯店、文化中心等，另一方面也受到出口品國際市場價格波動影響，持續借貸投入的製造部門生產力增長亦不如預期。此外，馬可仕早期曾努力扶植具發展潛力的事業，然而後來越來越專注於訂立保護主義政策、創造壟斷來造福他的親信盟友們，不但影響了外資對投資菲律賓的前景評價，也為菲律賓經濟運作帶來了諸多低效率，以及律賓政府龐大的財政負擔。當國際原物料價格跌價，菲律賓農產外銷賺錢能量跟著大降，也曾經在一九七九－一九八一年時隨著國際石油價格暴漲，讓菲律賓在一九八〇年代初陷入國際收支危機、通膨暴增與經濟嚴重衰退。後來為控制通膨而執行的信用緊縮政策，讓中小企業與一般菲律賓人受創慘重，人均收入於一九八三－一九八五年間衰退百分之十五。這樣慘澹經濟的局面，讓中產階級、商界逐漸無法消受，給了共產黨在鄉村地區吸納支持者、擴大勢力範圍的機會。

然而，問題不僅在於馬可仕政府的經濟政策表現，也出現在他個人的操守上。馬可仕夫婦在其任內貪瀆金額高達八．六億美金，被金氏世界紀錄稱為「對政府最大規模的搶劫行為」（Greatest robbery of a Government）。當馬可仕夫婦與部分親信大規模的貪腐行為越來越阻礙施政，他們與力圖革新的技術官僚的隔閡也逐漸擴大。

此外，戒嚴時期因各種目的進行的國家暴力，也帶來令人髮指對人權的侵害——美國歷史學者阿爾弗雷德．麥科伊（Alfred McCoy）的研究指出，在馬可斯戒嚴時期內，菲律賓有三千兩百五十七人遭法外處決，許多處決事件甚至公然將受盡凌虐、毀壞的屍體曝曬街頭，還有大量平民、異議人士與共產黨成員遭菲律賓軍警與準軍事組織囚禁虐待。國際特赦組織（Amnesty International）的估計也相近，認為戒嚴時期在馬可仕政府手下有約七萬人遭囚禁、三萬四千人遭虐待、三千兩百四十人喪命，而在他們一九七五年來訪菲律賓時訪問的一百零七名受刑人中，有七十一名表示他們曾在獄中被凌虐，這是非常高的比例。

毫無疑問，這是個殘暴的政權。

曾任職於馬可仕政府的媒體人普里米蒂沃・米賈雷斯（Primitivo Mijares），在出版《馬可仕夫婦的獨裁統治》（*The Conjugal Dictatorship of Ferdinand and Imelda Marcos*）數月後「被消失」，其十六歲的兒子波伊特・米賈雷斯（Boyet Mijares）在一九七七年被綁架，事後發現其屍體有明顯受虐的痕跡。

二十一歲青年學生阿基米德斯・塔哈諾（Archimedes Trajano）在同年一場學生論壇中批評馬可仕政府的人權紀錄，並公開質疑主講的艾米・馬可仕（Imee Marcos）——總統的女兒，有何資格擔任青年組織「青年村」（Kabataang Barangay）的全國主席，隨後塔哈諾被艾米・馬可仕的保鑣強行帶離現場，數小時後陳屍馬尼拉街頭。傷心欲絕的塔哈諾母親指控，他兒子在生前遭受凌虐：

「他身上蓋著一張白布單，躺在一張桌子上。當我拉開布單時……我看到他是藍黑色的……我說不出話來……什麼都說不出來……但我感受到我心變硬了。我說，天哪，為什麼是他？」

馬可仕的國家願景談得清高，最終落得滿布血腥、髒錢與權力慾，讓不少支持者大失所望，就連執行政策的政軍人員也開始心生不滿。面對屢攻不下的共產黨與南方穆斯林勢力，菲律賓軍方累積大量傷亡，有些中層與基層軍士官　將矛頭指向軍隊、國家高層的腐敗混亂與領導不彰，私下組成內部派系伺機而動。

反馬可仕勢力的合作與分歧

由於馬可仕極力壓制反對聲音，戒嚴初期流亡海外的異議人士成為反對派的重要勢力，他們一直動員遊說美國政府施壓馬可仕，令其取消戒嚴。由於馬可仕對維持菲律賓民主「表象」的堅持，並需要國際貨幣組織（IMF）、世界銀行（World Bank）等組織的經濟協助，反對陣營得以在此著力，作為要求恢復舉辦選舉的籌碼。至於那些失去選舉爭權管道的反對派政治人物，則和共產黨馬尼拉和黎剎區（Manila-Rizal）黨支部展開合作，積極動員大規模的罷工活動，並且逼迫馬可仕妥協表示在一九七八年重新舉辦選舉。然而，諸多不利的選舉限制，讓反對派政治人物對於應該「參與」或「抵制」無法取得共識，菲律賓共產黨內部也是如此，地方黨組織多數比黨中央務實彈性，不像教條主義的黨中央根深柢固的認為選舉只是假象與麻藥，唯有全面推翻政權才能真勝利。

儘管艾奎諾身在獄中，但他仍有參選權利。由於共產黨馬尼拉和黎剎區黨組織主動提議願意提供艾奎諾競選、監票人員等資源，來交換艾奎諾的人民力量黨（LABAN）候選名單裡四個位置，艾奎諾最終選擇馬尼拉作為他挑戰馬可仕的戰場。這種不合群的操作讓當時其他選擇抵制選舉的反對派政治人物相當不悅。

艾奎諾遭監禁多年的傳奇故事及其豐富的領袖魅力，為人民力量黨的遊行集會帶來龐大的參與者。當時群眾對馬可仕積累的不滿，從一九七八年選前四月六日晚間民間組織的噪音攻勢可以觀察到——該夜群眾的汽車喇叭聲、敲打鍋碗聲、瘋狂叫喊聲等噪音響徹馬尼拉，後來甚至謠傳馬可仕驚恐到差點準備落跑。然而民意最終不足以讓艾奎諾奪得壓倒性勝利，也無法阻止大規模選舉舞弊，而共產黨中央勒令馬尼拉和黎剎區黨組織不得協助監票，尤其讓艾奎諾感到被背叛。最慘的是，反對派政治人物還未從憤怒恢復過來，就被馬可仕政府新一波逮捕行動挫敗。

一九七八年的選舉經驗，讓部分反對陣營部分人士開始選擇激進、暴力的抵抗路線。除嘗試遊說不滿時局的軍人叛變外，還試圖組織武裝部隊來對抗馬可仕，儘管這些計畫後來都告失敗。前述路線的挫敗，讓部分反對派開始構想從事都市暴動策略的可行性——透過小規模恐攻來激發民眾起義或影響政局。艾奎諾自身即有支持、指導「點火運動」（LAFM）、「四月六號解放組織」（A6LM）等相關組織，儘管一開始這些組織在馬尼拉都會區的炸彈攻擊都沒有達成預期效果。

事件後，艾奎諾呼籲政府解嚴、舉辦公平選舉，全被馬可仕直接拒絕，於是反對陣營決定提高行動層級，規劃一九八〇年十月在馬尼拉舉行的美洲旅遊協會（American Society of Travel Agents）會議安放炸彈，暗殺預計出席致詞的馬可仕。儘管馬可仕加強保安，並安撫收到反對陣營警告信的美國旅社人員，但仍未能防止有人偷運小炸彈到會場。在馬可仕致詞後，活動大廳的炸彈隨即爆炸，導致十八人受傷，馬可仕則幸運地躲過一劫。這起炸彈攻擊引起國際媒體大幅報導，外界的關注與壓力迫使馬可仕向艾奎諾妥協，與反對陣營展開對話。當馬可仕於一九八一年一月解嚴，許多參與炸彈攻擊計畫的反對派都認為這是他們冒險犧牲的功勞。

然而，這場「勝利」卻相當短暫。在炸彈攻擊後，菲律賓軍方開始抓捕參與者，這一波壓迫也讓菲律賓本土參與者和在美流亡者結下心結，前者責怪後者計畫不周、資源不夠，不像他們需呈擔負風險。事實上，流亡生活並不好過——由於美國雷根政府和馬可仕緊密合作，在美國的反馬可仕組織也開始被聯邦調查局（FBI）等單位關注、調查，其實菲律賓國內外反對派都各自有難處與挑戰。

相較於反對派政治人物挫敗不斷的命運，戒嚴時期的困頓經濟、社會不正義與國家暴力，提供菲律賓共產黨快速發展的機會——一九七二年時新人民軍僅有三百五十人，到一九八〇年時已大幅成長到八千人。在鄉村地區實力基礎增長後，戒嚴初期受挫撤退的共產黨中央，在八〇年代初授權重新組織都會區的活動，炸彈攻擊策略挫敗後，部分反對派政治人物開始加盟共產黨的統一戰線。必須承認的是，菲律賓共產黨始終是馬可仕威權時期最具實力的反對派勢力。

共產黨將統一戰線視為整體鬥爭的一環，希望增加推翻菲律賓政府的機會，但這並不代表加盟的政治人物們全都成為共產黨附庸，也不代表所有反對派政治人物都投向共產黨陣營，有些仍保有相當的獨立性。脫離馬可仕陣營的勞雷爾（Laurel）兄弟重組國民黨，多路反馬可仕組織、人士在一九八〇年也組成自主的「聯合民主組織」（UNIDO），企圖挑戰馬可仕政權。不久後新聯盟即面臨整合的挑戰——是否要抵制一九八一年總統大選？當時馬可仕受內外壓力而宣布解嚴，但仍牢牢掌控著各政府機關與軍方，該年他再次修憲後突發宣布六月舉行大選，讓反對派只有一個月的時間競選宣傳，並限制他們運用媒體的機會，因此反對派猶豫是否要下海參與。聯盟內的國民黨大老薩爾瓦多・勞雷爾（Salvador Laurel）本來傾向參選，然在盟友自由黨宣布抵制後只得作罷。自由黨選擇抵制其來有自，其領袖吉拉多・羅哈斯（Gerardo Roxas）和共產黨相當親密，不但採納他們左翼國族主義的主張，對選舉奪權模式也不抱任何信心。勞雷爾兄弟表面上和共產黨結盟，但私下仍認為美國的支持才是擊敗馬

薩爾瓦多．勞雷爾（左）、吉拉多．羅哈斯（右）。

可仕的關鍵。儘管共產黨和勞雷爾兄弟有共同敵人，但兩者的關係卻相當冷淡。

歷經一九八一年選舉的挫敗，共黨統一戰線組織國家民主陣線的新領導人上台，反馬可仕陣營再進一步分裂。新領導人相當教條主義，不再規劃和非共反對派共組聯合政府，欲加緊控制後者，視其為從屬組織或宣傳工具。儘管羅哈斯在一九八二年去世，自由黨成員仍和共產黨維持密切的關係，並深化政黨的左翼色彩，甚至走武裝鬥爭的路線，與二戰後保守派、菁英與地主主導的舊自由黨有明顯差異。這樣的發展並不突然，一九八一年馬可仕靠選舉舞弊獲勝，讓更多反對派人士主張以武力革命推翻馬可仕。其他非共反對派則選擇拉大與共產黨的距離，特別是勞雷爾兄弟。

不同於其他反對派抵制選舉，非共反對派對一九八四年的選舉躍躍欲試，組黨、併黨、聯盟樣樣都來，過去艾奎諾所組織的人民力量黨與他黨整併成「菲律賓民主黨—人民力量」（PDP-LABAN）。由於美國態度可能改變、軍隊裡反馬可仕組織暗潮洶湧，勞雷爾兄弟等人開始相信選舉奪權的策略可能行，於是他們取消「聯合民主組織」反美軍基地的主張來向美國表達善意。

這一切的發展，讓自一九八〇年赴美就醫暫居美國的艾奎諾相當心動且擔憂。在美國期間艾奎諾並未閒著，他仍積極動員國際輿論關注菲律賓局勢、激勵國內同胞戰友，並曾在洛杉磯公開演講：

「當你和暴政說『不』的那一刻起，你就開始了鬥爭，走上那漫長而孤獨的自由之路……請說『不』，並學會說『不』。向暴政說『不』！向腐敗說『不』！對這一切有損人類尊嚴的行為說『不』！就在那樣做的時候，我也感受到了曾為我們自由而流血的父輩的真實氣息。」

艾奎諾決定冒險回國，希望可以說服馬可仕和平下台，並穩固自身在反對陣營裡的地位。艾奎諾和薩爾瓦多．勞雷爾一樣想參與一九八四年的國會選舉，並開始接觸馬可仕和反馬可仕陣營裡潛在的可能盟友。但政治環境和艾奎諾出國時有所變化，由於旅居國外多年，其政界影響力已萎縮，也無可直接掌控的政黨組織，而自由黨、菲律賓民主黨—人民力量等政黨的左翼色彩都遠比艾奎諾吸引群眾，而且這些政黨內都有人想出馬競選總統。

面對這樣的前景，艾奎諾仍信心滿滿地認為他最終能在反馬可仕陣營內找到生路，成為未來反對派一致擁護的總統候選人。艾奎諾為修復先前因參與炸彈攻擊、反對派內部權鬥而受損的聲譽，並成為美國眼中替代馬可仕的絕佳人選，他開始挪用印度國父甘地的「非暴力」語言，積極自我包裝為心繫公眾利益、跨黨派的超然政治領袖。艾奎諾的運籌帷幄，不但讓馬可仕陣營焦慮，共產黨與左翼團體也擔心艾奎諾的光環會稀釋他們抵制選舉的努力，讓一般民眾自武裝革命倒向選舉政治的圈套。

一九八三年八月二十一日，艾奎諾持假護照搭乘華航CI811航班，自台灣中正機場轉機飛往馬尼拉國際機場。當飛機抵達時，菲律賓軍方人員接獲線報後登機將艾奎諾押解下機。沒想到下客梯時突然一陣槍響，中彈的艾奎諾應聲倒地，送醫後宣告不治。直到今日為止，艾奎諾的死仍是未解的謎團，當時許多菲律賓人都認為是馬可仕陣營下的黑手，這次暗殺點燃了全民革命的引信。多年後艾奎諾遺孀柯拉蓉・艾奎諾（Corazon Aquino）演說時表示：

「他（艾奎諾）的死，帶來我們國家的復活，也帶來人民能重獲自由的勇氣和信念。獨裁者稱他為無名小卒，但有兩百萬人拋開他們的被動和恐懼，護送他到他的墳墓。」

人民力量革命，馬可仕與共產黨出局

艾奎諾被暗殺的新聞傳出後，菲律賓國內外輿論譁然，震動了商界、中產階級與天主教教會，他們開始積極參與反馬可仕活動。本來位居反馬可仕陣營先鋒的共產黨，突然發現自己已不再「領先」，而原先與他們合作的許多反對派政治人物也因艾奎諾身亡後民眾間的群情激憤而開始有了自己獨立的權力基礎，和共產黨漸行漸遠。著名菲律賓史學者雷納多．依萊托（Reynaldo Ileto）將艾奎諾的身故和菲律賓民族英雄荷西．黎剎於一八九六年遭槍決的事件做比較。黎剎在十九世紀末參與主張改革的社團，並撰寫反西班牙殖民的小說，最終被西班牙殖民當局以「非法結社和文字煽動叛亂」的罪名公開處決。他的壯烈犧牲，讓當時風起雲湧的菲律賓反殖民革命越演越烈——依萊托認為艾奎諾遭暗殺，他在民眾眼中的地位有如「菲律賓的耶穌」，成為反暴政烈士、國族英雄，就如同當時的黎剎一般。面對菲律賓的民意激盪，與馬可仕政府在軍事上持續受挫於共黨武裝的局勢，雷根總統與美國朝野對馬可仕夫婦的支持態度也開始出現鬆動。

雖然反馬可仕陣營意識到這是扳倒獨裁者的大好機會，但他們內部的應對態度仍不統一。共產黨重拾罷工路線、結夥溫和派政客的策略，希望直接拉下馬可仕政府，但其他非共反對派則呼籲對話解決，包含艾奎諾遺孀柯拉蓉在內。他們認為若馬可仕倒台對共產黨奪權最有利，而一九七八與一九八一年兩次選舉經驗讓他們不信任共產黨。儘管共產黨疾聲呼籲抵制，聯合民主組織、菲律賓民主黨—人民力量等卻宣布他們將參與一九八四年的選舉，政治素人柯拉蓉和自由黨內溫和派也不例外。

馬可仕陣營舞弊且資源遠多於反對派陣營，但反對派挾著艾奎諾身死的悲情，在這次選舉有不小斬獲，尤其在都會地區、反對派豪強菁英家族的傳統地盤。在國會席次方面，馬可仕的執政黨拿下了多數，但席次由前次的一百五十席滑落至一百一十四席，反對派則一舉拿下了國會兩百席中的六十席。

在部分結盟政治人物脫離後，堅持武裝鬥爭、繼續抵制選舉的共產黨、國家民主陣線等左翼團體，離馬尼拉的核心政治抗爭軸線越來越遠，可見他們錯估了當時的民心所向。後來共產黨只能繼續處於體制外，在九〇年代自己內部分裂成支持體制外「武裝鬥爭」與支持體制內「政治鬥爭」的兩條路線互鬥。

面對美國、技術官僚和軍方離心等內外壓力，馬可仕突然宣布要提前至一九八六年二月七日舉辦總統大選，欲一舉擊潰反對派陣營。一九八五年末，獲教會、商界背書的柯拉蓉成功擊敗薩爾瓦多・勞雷爾，成為反對陣營的共主，確定出馬挑戰馬可仕，而勞雷爾最終只能成為副總統候選人。

儘管馬可仕陣營再次透過大規模買票、恐嚇等舞弊手法企圖影響結果，但柯拉蓉在選前即吸引大批民眾擁護，其造勢集會也是場場爆滿，排山倒海而來的支持聲浪讓馬可仕陣營只得硬著頭皮作票，由中央選舉委員會先一步宣布馬可仕勝選。然而這樣的選舉結果和民間觀選團體的觀察統計是相反的，後者資料顯示應該是由柯拉蓉獲勝，選舉舞弊與選舉正當性疑慮造成局勢緊張。此時，也許是被逼至道德底線，或是看到了馬可仕政府即將倒台，中央選舉委員三十五名電腦技術人員在見證令人咋舌的大規模作票後，選擇步出機關大樓來表達抗議，此舉獲得反對派國會議員的聲援。連態度保守的菲律賓天主教主教團（Catholic Bishops' Conference of the Philippines, CBCP）都加入譴責舞弊的行列，譴責馬可仕政府已不具有道德基礎。

儘管柯拉蓉陣營已經組織多波活動抗議選舉舞弊，馬可仕似乎還不打算放棄權力。

就在兩陣營對峙陷入僵局時，軍隊發生了劇變。在馬可仕統治末期，軍方高層內部的權鬥日益嚴重，腐敗亦時有所聞，引發青年將官的不滿。洪納山（Gregorio Honasan）中校等年輕軍官所領導的「改革軍隊運動」（Reform the Armed Forces Movement, RAM）暗地和憂心敵對將領動手的國防部長安利爾（Juan Ponce Enrile）聯手。然而，在軍變計畫消息走漏後，他們只得在二月二十二日逃到馬尼拉市區的艾奎納多軍營（Camp Aguinaldo），希望辛海棉樞機主教（Cardinal Jaime Sin）支持他們。民眾和反對派陣營本來對這些軍人持保留態度，直到數小時後辛海棉樞機主教呼籲，民眾才開始大批上街保護他們。辛海棉同時說服柯拉蓉放棄在南方達沃市（Davao）建立臨時政府的計畫，返回馬尼拉主持大局。當時柯拉蓉認為，這些軍人一旦成功，可能不會將權力移交給民選政府，而打算成立由洪納山與安利爾等當家做主的軍政府。她確實猜中這些軍人原來的真實意圖。

超過百萬名民眾響應辛海棉與柯拉蓉的呼籲，開始在馬尼拉市中心的乙沙大道（Epifanio de los Santos Avenue, EDSA）上群集，用肉身圍著艾奎納多軍營，擋住試圖包抄逮捕叛軍頭領的軍方。為紀念已故艾奎諾，群眾也選擇黃色作為活動代表色，在街上給予馬可仕壓力。

經過幾日的僵持，束手無策的親馬可仕軍警單位紛紛倒戈，而在美國表示希望他辭職後，馬可仕只好選擇搭機離開馬尼拉，前往美國在菲的克拉克基地（Clark Air Force Base）。馬可仕原先希望回家鄉繼續和柯拉蓉陣營對抗，但美國押著他前往關島再轉至夏威夷，最終在此度過餘生。這場被艾奎諾稱為「人民力量」（People Power）的不流血革命終於成功擊倒馬可仕，民主支持者與進步派獲得了勝利，但令人憂心的是，這卻同時讓被馬可仕、共產黨壓制多年的諸般舊勢力重新躍上舞台，「強地方、弱中央」有了復闢的機會。

第五章　民主化的期望與失望

對許多路易西塔大莊園（Hacienda Luisita）的菲律賓佃農來說，一九八六年洶湧的「人民力量革命」代表的不是民主恢復，而是他們尋求土地正義的大挫敗。

位於呂宋島中部丹轆省（Tarlac）的這大莊園，是菲律賓反馬可仕革命者艾奎諾、兩位前總統柯拉蓉．艾奎諾（Corazon Aquino）和貝尼格諾．艾奎諾三世（Benigno S. Aquino III）所屬的許寰哥（Cojuangco）家族的產業。在馬可仕施行中央集權期間，在制衡地方豪強家族方面，土地改革是重要的施壓工具，與馬可仕敵對的柯拉蓉和艾奎諾深受其害。早在一九八〇年，馬可仕的農業改革部（Ministry of Agrarian Reform）等單位就要求法院將路易西塔大莊園置於政府控制下，待日後重新分配，但雙方一直僵持不下，直到一九八五年底柯拉蓉宣布參選總統後，馬可仕才報復性地要求法院加速動作。當地農民稱這是「他們在一九八五年獲得的勝利」，得來不易，當人民力量革命發生後，相關事宜就此停擺，甚至柯拉蓉政府端出綜合土地改革計畫（Comprehensive Agrarian Reform Program, CARP）後又被進一步抹消。

柯拉蓉政府如日中天，小農民根本無力抵抗和許寰哥家族結合的國家機器，幾起抗議、罷工，最終都以血腥收場，莊園更被別稱「黃衫軍」的許寰哥家私人部隊牢牢掌控。民眾受訪時就表示，「直到今天我們都還在尋求正義」。與馬尼拉中產階級相比，路易西塔大莊園的「人民力量革命」記憶相當苦澀，二〇〇九年柯拉蓉去世時，不少當地佃戶還暗地裡慶祝。

路易西塔大莊園的故事並非個案，其顯示了民主化後的菲律賓政治，各項發展未必盡如人意。在舊勢力方面，許多在馬可仕時飽受打壓的豪強菁英家族，在民主化後火速拾回昔日政經地位，再度成為了菲律賓政治的阻力。在政治地景方面，由於馬可仕肅清政敵，進行政府組織整改，原來的兩黨政治及其傳統裙帶網絡也被摧毀，馬可仕的新社會運動黨（Kilusang Bagong Lipunan）在獨裁者垮台後大幅萎縮，這導致民主化後的菲律賓政治充滿不穩定的各路新興政治聯盟，以及其臨時湊合、政治投機取向、縮小規模裙帶的政治網絡。不幸的是，在這種政治型態裡，需面對待被討好的各方利益，而進步政治也往往成了政治野心的犧牲品。

儘管非共產黨／前共產黨的進步派大舉投入非政府組織、小黨，努力在新政治環境中實踐理想，但因為無法在個別選區中擊敗扎根當地的豪強菁英家族，也沒有足夠資源投注在全國性選舉上，因此仍需和不同階段的掌握政經實權者（許多出身豪強菁英家族的各路傳統政客）妥協合作。在政府內部，技術官僚也持續受各種政治人物的貪腐干擾，議程推展遲緩。

雖然上述困境不代表實質進展的缺席，不過革新勢力與既得利益者不斷拉鋸挫敗的長期僵局，以及一般民眾對貪腐不滿、對國家發展果實分配不均衡的憤恨，加上「強地方、弱中央」弱體制國家本身的各種無能為力，都成為不少菲律賓人後來選擇親近民粹、渴望強人的重要原因。對於「民主」的

1986年2月25日，柯拉蓉宣示就任菲律賓總統。

希望鋪天蓋地，然但理想生活與現實的距離還有很遠很遠。

柯拉蓉、羅慕斯與走鋼索的菲律賓民主化

「民主化」從來不會因獨裁者垮台而結束，或應該說那僅僅是宣告了它的起步而已。當一九八六年二月二十五日柯拉蓉・艾奎諾就任菲律賓總統後，她隨即面臨諸多統治的難題，這些考驗使「人民力量革命」從最初的滿懷期待，快速地被迫認清嚴酷的現實。

首先，新憲法順利產生了。面對一九七三年馬可仕高度擴張總統行政權力的菲律賓憲法架構，柯拉蓉選擇不以此為基礎修憲，也不恢復殖民時期通過的一九三五年憲法，而是在一九八六年十月任命一憲法委員會起草草案。然而，由於馬可仕威權時期的創傷經驗，為有效制衡行政

權，菲律賓新憲法中的總統與副總統是各自單獨選出，任期六年且不得連任，並恢復設置兩院制國會（參議院，眾議院）。此外，在宣布戒嚴方面，新憲法也強化了國會與最高法院相對應的制衡、撤回權力。總體而言，新憲法精神反映了菲律賓民眾希望未來不再有威權統治的強烈意願。在呼籲民眾於公投支持新憲法草案時，柯拉蓉曾信心喊話：

「我說過，這部憲法將讓民主安全。事實上，它不僅會安全，它甚至還得到加強，也對我們絕大多數因貧困而無法充分享受自由的同胞們更有意義了。」

最終該草案於一九八七年二月由全國公投以百分之七七．〇四高支持率通過。

然而，雖然憲法是新的，菲律賓政治格局卻未完全翻新。根據菲律賓學者雷西爾．莫哈萊斯（Resil Mojares）的研究顯示，一九八七年五月舉行的菲律賓國會選舉結果，比起象徵一個新時代的到來，更像是前戒嚴舊時代的復歸。在兩百名當選的眾議員裡，有高達一百三十人來自傳統政治家族，另有三十九人與這些家族有親戚關係。在二十四名的新科參議員裡，也存在類似的復辟現象。無論柯拉蓉是否照顧其家族的利益，光是其他重掌政經權力的舊勢力，就足以讓走鋼索的柯拉蓉進退維谷，以致土地改革政策的執行最終成了一場令人失望的悲劇。

其次，菲律賓軍方的搖擺態度，是柯拉蓉諸多困擾的來源。新政府與菲律賓共產黨所進行的和談，曾一度讓軍方懷疑柯拉蓉對共態度，而軍方本身也不顧政府態度，持續騷擾、鎮壓親共產黨勢力。在柯拉蓉執政頭兩年，菲律賓軍方的親馬可仕派或不滿團體就發起了六次政變，如：一九八六年七月馬可仕的副總統搭檔阿圖・托倫蒂諾（Arturo Tolentino）與支持他的數千名軍民占據馬尼拉酒店，希望號召更多群眾起義推翻柯拉蓉；同年十一月對推翻馬可仕有功，因而續任國防部長的安利爾（Juan Ponce Enrile）與「改革軍隊運動」的年輕軍官策畫推翻現任政府，後來在一九八九年有一起、一九九〇年有兩起軍變。雖然這些軍變行動最終全告失敗，但有幾次的確險象環生，如一九八九年十二月柯拉蓉竟得靠美國出動戰機嚇阻叛軍。

這樣的局面後來因柯拉蓉政府對菲共態度強硬而改變。一九八七年一月二十二日，警察在菲律賓總統府馬拉坎南宮（Malacañang Palace）附近的曼迪歐拉街（Mendiola Street）槍殺多名抗議的農民，爆發了「曼迪歐拉大屠殺」（Mendiola Massacre），共產黨因此宣布退出和談活動。在新政府的支持下，軍方也對這些柯拉蓉在反馬可仕時期的昔日「盟友」開啟新一輪的武裝清剿，並展開政府與軍方的新合作關係。由上可知，在柯拉蓉政府走民主化鋼索的過程中，進步派團體的改革議程面臨了權力與軍力的現實，而兩者都未全然掌握在柯拉蓉手中，光是盤算政權如何不被翻船、不被篡奪就夠困難了。

其三，由於柯拉蓉政府承擔了馬可仕時期所留下的外債，其財政始終相當窘迫。在其任內，菲律賓每年有高達百分之十的國內生產毛額被用來還外債，這影響了協助壓制貧富差距的社福支出。面對如此困境，菲律賓被迫依賴大量外援來維持國家運轉、嘗試重振經濟成長，而海外菲律賓移工送給母國家人的匯款也提供不小幫助。值得稱許的是，初步採取自由化措施的柯拉蓉成功讓國家出口重回成長之路，儘管外來投資擔憂菲律賓的政局還未完全穩定下來。

總體而言，雖然柯拉蓉的執政讓支持者留下不少遺憾，但其任內開展的經濟復甦為後來的接任的總統們打下基礎，而柯拉蓉多方妥協的政治操作，也讓國家政局得以避免進一步的動盪分裂。一如所有的民主化啟程者，外界都會投射高度的期望，儘管柯拉蓉有其缺陷，但她盡力頂住多方挑戰，穩住了民主運動的成果，並完成艱鉅的歷史任務。度過這段辛苦時期的柯拉蓉，在任內接受外媒採訪時表示：

「我已經來到了生命中不再需要刻意給人留下好印象的境地。如果他們喜歡這樣的我，那很好；如果他們不喜歡，那只能說可惜了。」

柯拉蓉推出繼任者來完成國家轉型工程，他就是數年前倒戈促成「人民力量革命」推翻馬可仕的國防部長菲德爾．羅慕斯（Fidel Ramos）。一九九二年羅慕斯勝選，成為新一任菲律賓總統，繼續大力推動柯拉蓉所奠立的政治道路。一九九四年他在國情咨文演講中振奮地表示：

「今天，我們正努力在經濟、技術增長方面趕上我們充滿活力的鄰國。但也許，我們已經在現代化的一個關鍵上與它們並駕齊驅，甚至超前。我們菲律賓人，已經贏得了我們的民主革命……當然，自由本身並不能帶來進步，但它為我們正在努力建立的良好社會，提供了最持久的基石……」

1998年羅慕斯總統訪問美國，由美國國防部長威廉・科漢（William Cohen）陪同拜訪五角大廈。

在經濟方面，羅慕斯推動「菲律賓二○○○」（Philippines 2000）計畫，讓菲律賓在多項社會經濟指標上有顯著的進步。在六年任內，羅慕斯加速推動菲律賓經濟的自由化，對內打破壟斷事業、私有化的國營事業，對外則降低關稅、積極建設經濟特區與加工出口區，成功吸引了外資湧入菲律賓，讓菲律賓在一九九七年亞洲金融危機前經濟成長率年年增加。但相對而言，羅慕斯在縮減貧富差距、推動土地改革與農業升級的表現較弱，貪腐與裙帶利益的問題並未消失。

在內部方面，羅慕斯任內的政治比柯拉蓉任內穩定許多。軍方高層背景出身的羅慕斯可鎮住軍方勢力，建立一個能夠擺脫豪強菁英家族等舊勢力的「強國家」，並積極與共產黨、穆斯林分離武裝展開和談，最終在一九九六年與後者中的「莫洛民族解放陣線」（Moro National Liberation

Front, MNLF）簽署和平協議，以此作為建立民答那峨穆斯林自治區（Autonomous Region in Muslim Mindanao）的條件。然而遺憾的是，其他分裂出來的穆斯林武裝勢力「莫洛伊斯蘭解放陣線」（Moro Islamic Liberation Front, MILF）、阿布沙耶夫（Abu Sayyaf）並未放下武器，繼續和菲律賓政府敵對。

整體而言，羅慕斯是個稱職的接班人。儘管許多社會經濟問題依舊存在，但羅慕斯時期的政治穩定，確實有為菲律賓經濟帶來喘息的機會。幸運的是，一九九七年羅慕斯和友好團體推動修憲改內閣制、允許總統連任的行動，都被前總統柯拉蓉、最高法院、天主教會等以各種方法擋了下來，一方面保住了羅慕斯個人的政治聲譽，另一方面也讓菲律賓民主避免了一波動盪。

民粹逆襲，與陷入泥淖的艾若育

但埋藏在這一切樂觀下的，是貧富差距正滋養的菲律賓民粹主義暗流。

在一九九四年，菲律賓最富有的百分之二十人口，其收入占全國百分之五十二，同時也是最貧窮百分之二十人口的十一倍。此外，同年菲律賓有四百五十萬戶家庭生活在貧窮線以下，此數字比一九八八年時還多了三十萬戶。根據當時國際貨幣組織（ＩＭＦ）的分析，亞洲多國基尼係數的改善都同等平緩，但和其他鄰國比較，菲律賓過去來數十年相對低迷的經濟成長，是該國貧窮率遠比其他東亞鄰居高上的原因。

於此脈絡下，許多對生活改善速度不滿的中下階層民眾開始渴望有非建制、非菁英的政壇聲音代表自己。其中公開反對羅慕斯修憲、電影動作明星出身的副總統埃斯特拉達（Joseph Estrada），在一九九八年總統大選以百分之三十九．八得票率獲勝，成為新一任總統，此現象就是此一企盼的開花結果。值得注意的是，當時支持他的有反羅慕斯、渴望變革的學者、社運團體，以及許多相信其反菁英修辭的前共產黨支持者。對他們來說，埃斯特拉達的反建制主張有一定的吸引力，有些人也希望借用這股氣勢推動他們的政治議程。在埃斯特拉達第一次國情咨文演說中高喊「為了窮人的埃斯特拉達」、強調會積極扶貧的新科總統即大力指控：

「統計數據稱，過去十年的貧困人口數量下降了。我想知道人們相不相信這些數據？我沒有這些統計數據，但窮人就是窮人——沒有錢、沒有食物、沒有屋頂、沒有尊嚴，最重要的是，沒有希望。」

不幸的是，埃斯特拉達上任後正義光環為之殞落，逐漸陷入各類貪腐醜聞，而他裙帶主義導向的經濟政策，被許多人認為威脅了近年菲律賓經濟改革的珍貴果實。埃斯特拉達採取「全面戰爭」策略和穆斯林、共產黨武裝勢力硬碰硬，也引發國內反彈的聲浪。儘管他在二〇〇一年初面臨彈劾危機時一度獲得參議院盟友保全，但一些反對他的左翼團體、教會、豪強家族和商界在乙沙大道上集結、發起聲勢浩大的第二人民力量革命（Second People Power Revolution），讓面對外部巨大壓力的艾斯特拉達在軍方失去支持，於一月黯然辭職下台。他日後表示：

埃斯特拉達總統接待外賓。

「我無法為自己辯護。我是在街頭上被定罪的。」

憤怒的埃斯特拉達支持者並未接受這結果，在同年五月發起反制的「第三次人民力量革命」，要求讓埃斯特拉達恢復總統一職，然而繼任埃斯特拉達的艾若育（Gloria Macapagal Arroyo）總統卻毫不留情，不但直接宣布首都區正式進入叛亂狀態（State of Rebellion），還讓軍警在馬拉坎南宮外的曼迪歐拉街暴力驅散示威者。

需要強調的是，埃斯特拉達總統任期的悲劇性收尾，不是菲律賓民粹力量的最終章。在下一屆二〇〇四年總統大選，埃斯特拉達一位電影動作明星朋友獲得百分之三十六・五的高票數，以百分之三的微幅差距落選。到了二〇一〇年，因罪服刑的艾斯特拉達捲土重來選總統，竟然得到百分之二十六・二的得票率，位居第二。忿忿不平的中下階層人民對菲律賓政局的發展越來越不滿意，也對都市中產階級的「人民力量革命」口號、各種價值導向倡議越來越不耐，希望出現像埃斯特拉達這樣的政治人物，為他們發聲、打破傳統政治菁英的權力壟斷。而艾若育總統九年的施政成效是引發民怨的主要原因。

二〇〇一年艾若育就任總統時，外界對其理想主義沒有多少期許，畢竟她是因身為副總統而接替埃斯特拉達。不幸的是，艾若育任期最終成為一場緩慢而痛苦的掙扎，無論是對其個人或對整個國家來說都是。《有線電視新聞網菲律賓台》（CNN Philippines）曾如此評論艾若育：

「她是菲律賓的第二位女總統，但僅此而已：作為一名掌權的女性，她卻不幸的拒絕為此權力負責，而在權力的行使上，她對菲律賓治理造成的傷害，也多過於助益。」

從艾若育的學經歷背景來看，很難想像會淪於如此悲劇。她是貨真價實的菲律賓傳統政治菁英，艾若育是前總統馬嘉柏皋的女兒，為留美經濟學者，在柯拉蓉總統任內時擔任貿易與工業部次長，當時她才不過四十歲。有所政績的艾若育在一九九二年當選參議員，一九九八年時當選副總統，仕途扶搖直上。

成為總統後，艾若育在經濟政策上表現沉穩，任內菲律賓經濟年均成長率達百分之四．五，比前幾任總統優異。此外，菲律賓財政也穩定提升，其中以二〇〇五年修正增值稅法所帶來的新稅收居要功。在處理內部動盪方面，與埃斯特拉達「全面戰爭」的方針不同，艾若育推動「全面和平」，以停

艾若育總統在前往2001年上海亞太經合組織（APEC）領袖會議前發表演說。

火協議來和莫洛伊斯蘭解放陣線和談。雖然起初有進展，但最終仍因幾次武力衝突而瀕臨破局。而二〇〇七年艾若育向共產黨新人民軍提出的特赦和解條件，也同樣被對方直接否決，整體的成績好壞參半。

當然，艾若育的施政成績也有弱項，如她在縮減貧富差距、進行土地改革的成績較乏善可陳。菲律賓農業貧弱的狀態，讓該國無力逆轉由「稻米輸出國」淪為「稻米進口國」的處境，使得鄉村地區的整體發展持續落後。在艾若育任期結束時，菲律賓仍有超過半數的務農家庭處於貧窮線以下。

然而，這些政績並非艾若育總統留給大多數人民的印象。無論這些政策成敗與否，後來都被她任內不斷傳出的各樣醜聞風波、部分軍方人士幾次失敗的政變所掩蓋，而成為大多數菲律賓人對其執政九年的記憶。

儘管艾若育早先曾說自己不會競選連任，但最終她仍參加在二〇〇四年大選，結果以約百萬票的差距險勝對手，只是這個勝利因隔年六月一段艾若育與中選會官員通電的錄音流出而風雲變色。「哈囉，賈西？所以，我還會領先多於百萬票嗎？」此一錄音引起軒然大波，讓反對派指控艾若育操縱選舉，而發起彈劾案，多名內閣成員也宣布集體辭職，要求艾若育辭去總統職務。雖然艾若育抵死不承認操縱選舉，倚靠盟友們在眾議院擋住彈劾案，但其民調仍因此案掉落為菲律賓各任總統的最低點，而且到任期結束時都沒有起色。在其後三年裡，每年都有議員發起對艾若育的彈劾案，儘管最終都未成功。

除了這著名的選舉風波外，艾若育任內還有多起其與親信牽涉在內的貪腐醜聞。二〇〇三年，艾若育的丈夫涉入非法挪用選舉捐款。二〇〇四年，她被指控動用農業款項贊助連任選舉。二〇〇七年，爆發菲律賓與中國中興通訊（ＺＴＥ）的國家寬頻網路案合作弊端，同年她在總統府宴客數百名國會議員及地方官員時被指控大規模行賄。在二〇〇八年一場參議院聽證會中，一名負責評估中興合作案的工程師作證指出，他被告知需減少給艾若育盟友的回扣，需要「緩和他們的貪婪」。這名工程師作證時哭泣地說道，他那段時間非常擔心自己性命不保。另一名前政府官員則表示，艾若育的前經濟規劃主管羅慕洛．內里（Romulo Neri）曾因與中興合作案被高估的一．三億美元資助回扣的爭議而想辭職，並轉述內里說過艾若育是「邪惡」的，而且一直為此苦惱，「總統已經失去了在他面前所有的道德權威」。儘管內里否認他曾說過這些話，但他承認大家「都是菲律賓寡頭結構的受害者」。

艾若育經歷了二〇〇三年及二〇〇七年兩次失敗的軍事政變，二〇〇六年時還曾短暫宣布進入緊急狀態，以肅清另一次軍方內部的政變計畫，這些事件不但未激起大眾對艾若育的同情，反而再度證實艾若育不被多數菲律賓人歡迎的事實。艾若育清楚自己不受大眾歡迎，她只能在二〇〇九年的國情咨文演講中遮羞式表示：

「我當總統，不是為了要受歡迎的。來工作、來領導、來保護和維護我們的國家和人民——這才是我成為總統的原因。」

民主化政治僅剩的紅利與美譽，某種程度上是被艾若育消磨殆盡的。二〇一〇年四月菲律賓民調機構「社會氣象站」一項調查顯示，菲律賓人對艾若育的淨滿意度為負五十三，這是自馬可仕下台後、民主選舉重啟以來的最低點，而且有近七成的菲律賓人不讚同她的表現。

民主化政治的極限，與中產階級的不耐

儘管過往的現實不如意，馬可仕戒嚴時期的記憶仍提醒著菲律賓人對現有民主自由的珍貴，以及往日威權的不堪回首。在馬尼拉奎松市（Quezon City）英雄紀念碑（Bantayog Ng Mga Bayani）園區的記憶牆（Wall of Remembrance），其上刻有獲舉薦、審核通過的三百一十六名馬可仕戒嚴時期受害者人名，提醒人們這條道路上不幸犧牲的菲律賓人，以及他們的犧牲所代表的意義。

馬尼拉奎松市英雄紀念園區的記憶牆。

這些人大多數是中產階級出身、受過教育的反對派、左翼團體成員。在歷史上，菲律賓中產階級在一九八六年「人民力量革命」及一八九六年反西班牙革命中扮演關鍵角色——中產階級是菲律賓社會重要的穩固力量及國家變革的關鍵推動力，並常為國家歷史記憶積極拉攏的盟友。長年來說，儘管經歷菲律賓多年的政治混沌，中產階級多數仍樂意擔綱官方版本「人民力量革命」遺產的守衛者和信仰者。在這版本的民主化敘事當中，馬可仕的邪惡政權在一九八六年被團結勇敢、渴望自由民主的菲律賓人民所打垮，儘管「人民力量革命」所嚮往的理想社會還未達成，但民主化與新制度提供了繼續實現夢想的鑰匙。

不幸的是，自艾若育任內開始，竟然連中產階級對民主化政治的耐心也開始褪色。民主化到了此時已起步超過二十年，國家經濟是進步了，但相較於其他鄰國（如越南，印尼）備受國際矚目的表現，仍差強人意，而國內烏煙瘴氣、貪腐不斷的政治、停滯不前的基礎建設，也讓中產階級無法隱忍。「民主」的美好承諾，到底去哪裡了？手中的選票，到底能帶來什麼改變？許多中產階級捫心自問著，而這也包括那些為尋求更好生活出外工作、高學歷低就的海外菲律賓人。

當二〇〇九年柯拉蓉因癌症去世，憶起往日美好回憶的菲律賓中產階級選擇了高呼「良善治理」（good governance）的柯拉蓉之子、參議員艾奎諾（Benigno Aquino III），讓他贏得總票數百分之四十二的高得票率，擊敗尋求捲土重來、僅獲百分之二十六票數的埃斯特拉達。在大學和研究所畢業生中，艾奎諾拿下了百分之五十的票數，而埃斯特拉達只拿下百分之十五。若將社會經濟階層拆分成五個等級，艾奎諾在前三個等級的得票率為百分之五十二，而埃斯特拉達只有區區百分之十七。

菲律賓的中產階級選民確實用選票力挺了艾奎諾。朝氣蓬勃、具改革氣象的艾奎諾也承諾，他將全力打擊菲律賓政治中貪汙腐敗的行為，並答應選民「我不但不會偷竊，我還會逮捕那些腐敗的人」。帶著高昂的氣勢，以及菲律賓中產階級的高度期望，這將是菲律賓選民給民主政治最後一次證明自己的機會，而艾奎諾也準備全心全意投入這巨大的國家革新工程。

第三部

煉成杜特蒂

第六章　艾奎諾殞落，杜特蒂崛起

明明只是幾年前，昔日菲律賓的面貌卻越來越模糊。

菲律賓前總統艾奎諾三世（Benigno Aquino III，二〇一〇年—二〇一六年在任）於二〇二一年六月二十四日因病去世，享年六十一歲。這消息來得突然。菲律賓政壇的自由派陣營自二〇一六年大選失去政權後，在此低潮時刻、尚無法逆轉其政治頹勢時，就突然間失去了內部最具分量的政治人物。二〇〇九年柯拉蓉逝世時全國哀悼，艾奎諾的過世也引起大批自由派陣營支持者的哀悼，但現在這股情緒確實比較沒有漫出同溫層。

相形之下，以毒品戰爭、狂人狂語著稱的民粹強人總統杜特蒂（Rodrigo Duterte）的氣勢如日中天，任期將屆還是政治運作頻繁，在二〇二二年菲律賓總統大選民調中，自由派代表政黨「自由黨」（Liberal Party）候選人的支持率卻慘澹低迷。菲律賓自由派陣營一邊緬懷著艾奎諾的正直，另一方面也對菲律賓政治走向感到心情複雜，對於未來如何重整旗鼓也感到茫然徬徨。更何況世局正處於下沉，疲憊不堪的菲律賓民主在未來仍可能投向威權。

為何菲律賓自由派陣營會走到這一步？艾奎諾在二〇一〇年的大勝不過是幾年前的事情？而撐過

杜特蒂總統視察呂宋島北方的軍事基地。

馬可仕強勢打壓、頂過共產黨武裝勢力競爭、民粹反撲的菲律賓自由派陣營，明明在艾奎諾任內重振聲勢，好不容易逐漸克服軍隊的忠誠度問題並積極處理貪汙腐敗，為何還會讓菲律賓民眾選擇杜特蒂為總統？這些都是菲律賓自由派陣營心中的痛，也一如歐巴馬被怪罪讓川普上台一樣，是個無法擦去的汙點，艾奎諾卻在歷史定位混沌未明的狀態下離開了。

艾奎諾有得有失的成績單

艾奎諾出身顯赫，父親是菲律賓威權時期的反對派領袖，母親則是一九八七年民主化後首任總統，完全是個菲律賓正統民主化敘事光環的受益者。而艾奎諾也不負眾望，先於一九九八年當選眾議員踏入政壇，幾年後再任參議員一職，最後於二〇一〇年代表自由黨（Liberal Party）競選總統獲勝。在競選總統期間，艾奎諾與自由黨主推「正確道路」（Daang Matuwid）政治路線，高喊「沒有貪腐，就沒有貧窮」（Kung walang kurap, walang mahirap），以良善治理、反貪腐、公開透明為競選主軸。這吸引了對前總統艾若育任內貪腐醜聞厭倦的選民支持，而且艾奎諾的母親於前一年去世，吸引到不少同情票與緬懷票。在就職演說中，艾奎諾清楚點出其繼承的歷史遺產：

「我的人生目標很簡單：忠於父母，忠於祖國，做一個孝子、一個有愛心的兄長、一個好公民……我的父親獻出生命來救贖我們的民主，而我母親一生致力於照養我們的民主。我此生將致力於讓我們的民主惠及每一個人。我家人已經流血犧牲過了，而如果有必要，我也願意再做一次。」

黃色是自由黨的代表色，也是一九八七年那場推翻馬可仕威權政府的「人民力量」革命的代表色。艾奎諾也力圖證明除了這民主化光環，自由派陣營也可以在治理方面成事——艾奎諾即曾說過，「有了適當的治理，所有人的生活都會進步。」他成功地讓菲律賓經濟重新步上高速成長的軌道，在其六年任期內年均國內生產毛額成長高達百分之六．二，通膨率也維持在百分之一．四低檔，菲律賓股市指數亦於其執政期間內翻倍。菲律賓政府因為稅收改革而大幅增加收入，菲律賓主權信用評等也隨之上升，菲律賓失業率在艾奎諾任內自二〇一〇年的百分之七．四降至二〇一六年的百分之五．四。多年來老一輩華人常說：「以前菲律賓比日本還有錢，但後來因為政治混亂而敗掉了。」此時菲律賓的經濟似乎快要走上洗刷屈辱的道路了。

除了總體經濟的表現外，艾奎諾也簽署「幼稚園到十二年級」（K-12）教育改革新制及《親職、生育健康與人口發展法》，前者針對菲律賓教育制度與國際的銜接，後者則加強維護女性生育健康權利，儘管不完美且屢屢受阻，但仍是菲律賓社會進展的重要一步。在國家安全方面，艾奎諾積極加強菲律賓國防軍事改革，推動與民答那峨島穆斯林勢力的和平進程外，最重要的是面對中國於南海步步進逼、甚至奪去黃岩島控制權，艾奎諾帶領的菲律賓堅持不低頭，先是將周邊南海海域命名為「西菲律賓海」，後年更不懼國際壓力向海牙常設仲裁法院提出南海仲裁案。在二〇一四年受《紐約時報》訪問時，艾奎諾呼籲國際社會支持菲律賓抗衡中國南海主張的行徑，並堅定地向中國喊話：

「你可能擁有力量，但這並不一定意味你是對的。」

然而，一如先前所有的菲律賓總統，艾奎諾也漸漸無法擺脫醜聞對其政府正面成績的侵擾，以及對重要新聞事件上表現失格而帶來政治聲望衰落——政治往往是力圖革新的理想主義者的墳場，只有極少數的人可避開爭議、全身而退。艾奎諾，顯然還是不夠幸運。

在安全方面，二〇一〇年艾奎諾就職不久後發生馬尼拉人質危機，造成八名香港遊客死亡，因此重創艾奎諾國際聲望，香港特區政府因不滿菲國政府處理方式而實施制裁。二〇一三年，台灣漁船廣大興二十八號在兩國重疊經濟海域遭菲國海巡船艦開火攻擊，船長因此身亡，台菲關係也陷入空前緊張。這兩起事件皆重傷了菲律賓在港台兩地的形象。

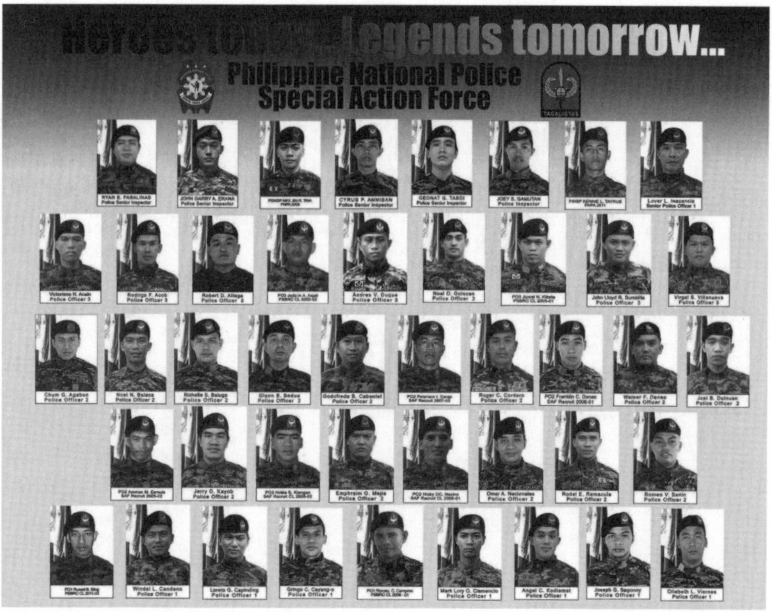

44名在「馬馬薩帕諾事件」中喪命的特警。

二〇一五年，菲律賓爆發「馬馬薩帕諾事件」（Mamasapano Incident），由於圍捕恐怖份子行動欠缺周全考量，加上不少黑箱作業，最終導致四十四名特警在民答那峨島鄉里間遇襲喪命，菲國民眾對此悲慟不滿，直到艾奎諾卸任後還得接受監察辦公室與廉政法庭的調查。

主打反貪腐與良善治理的艾奎諾政府，在二〇一三年短時間內連續遭遇兩起重傷形象的政治風暴。首先是多名菲律賓現任或卸任預算部、土地改革部官員、眾議員和地方官員捲入貪汙弊案，由商人納波里斯（Janet Lim-Napoles）協助眾官員將「優先發展輔助基金」（Priority Development Assistance Fund, PDAF）經費及馬蘭巴雅天然氣井開採收入撥給空殼非政府組織，再從中收取回扣，而引發菲律賓輿論激憤、萬人上街抗議。該年十一月，強烈颱風海燕（Typhoon Yolanda）侵襲菲律賓，不僅重傷菲律賓中部基礎設施與農業，還造成逾七千人死亡與一百九十萬人無家可歸，期間艾奎諾政府遭批評準備不足且反應過慢。兩起事件皆嚴重衝擊艾奎諾的民調，傷害了民眾對於艾奎諾的信任度。儘管菲國經濟快速成長，但政府未能有效解決的貧富差距、基礎建設破敗等問題，進而也積累了許多民怨。

執政成績讓艾奎諾政府卸任後並未得到很高的評價，雖比前幾任總統平安順遂，但在選民眼中並非足以獲得優異的成績。當杜特蒂擊敗艾奎諾欽點、主打「正確道路」的自由黨籍接班人羅哈斯（Mar Roxas）成為繼任總統後，許多自由派陣營同袍便開始質疑艾奎諾是否做了或沒做了什麼，才讓杜特蒂得以茁壯成長並奪下大位，這樣的指控讓支持和讚許艾奎諾的人相當尷尬難辯。

艾奎諾到杜特蒂，十年河東轉河西

「艾奎諾」這個姓氏曾經是希望與勇氣的象徵。一九八〇年，流亡在外的反馬可仕運動領袖小班尼格諾．艾奎諾（Benigno "Ninoy" Aquino Jr）在紐約演講時表示，他多次問自己：「菲律賓人值得我受苦，甚至犧牲嗎？」（Is the Filipino worth suffering, or even dying for?），他最終得出的結論是肯定的，因為菲律賓人就是這國家首要未被好好利用的資產。三年後，他在馬尼拉機場遭槍殺身亡，激起了更多菲律賓民眾反抗的意志，而成功推翻馬可仕政權。對當時許多菲律賓人來說，自由民主的道路正是眼前一切困頓的真理解答，他們也勇敢挺身而出追求未來。

在二〇一四年的國情咨文的演講中，其子艾奎諾總統引用他父親這段話：「菲律賓人絕對值得為其犧牲，菲律賓人絕對值得為其活著。」（The Filipino is worth definitely dying for, the Filipino is worth living for.）而且「菲律賓人絕對值得為其奮鬥。」（The Filipino is worth fighting for.）這時在他面前是滿場的菲律賓國會議員，每個人都鼓掌，而且許多人落淚。

僅僅兩年後，菲律賓民眾卻選出了崇敬馬可仕成就的杜特蒂為總統，而杜特蒂對馬可仕歷史地位曖昧不明、甚至公開稱讚的態度，也提供了反駁「人民力量」革命正當性的修正史觀發展的土穰。究竟菲律賓選民從馬可仕到艾奎諾、杜特蒂的偏好轉換是如何發展的？為何杜特蒂能抓住眾多菲律賓選民的心？

要解開這個問題，首先我們必須意識到，二〇一〇年艾奎諾之所以能勝選，是因為選民揚棄艾若育，渴望新的氣象，而且柯拉蓉的去世也讓艾奎諾獲得許多同情票。儘管當時埃斯特拉達也出馬競選，但其過往敗績讓他成了一個有包袱的非建制候選人，無法與自由派挑戰。如此一來，成就了艾奎諾的勝利，而民眾對民主政治的不滿，其實也累積多年。

但到了二〇一六年大選前時，政治局面已經完全不同。

首先，艾奎諾過去六年的平穩表現僅僅是不失分，讓許多選民認定這就是自由派改革的極限，而無法對其繼任者、舊面孔政治人物羅哈斯有澎湃的熱情。此外，沒任何特殊的事件可用來催發民主化記憶的動員能量。總體而言，選民在二〇一〇年重新燃起的激情與信心已殆盡，於是將對改變的期望投射到其他候選人。而曾經參與打倒馬可仕的自由派，在選民賦予六年的施展期後，現已被認定為建制派了。

其次，或許更重要的是，若我們剝開杜特蒂表層的狂言狂語，就可從菲律賓政治史的脈絡中看出他是個相當特殊且強力的菲律賓總統候選人。

杜特蒂並非二〇一六年大選時才衝上檯面的大黑馬，早在二〇一五年十一月他宣布參選隔年總統大選前，他已經是個被菲律賓各界矚目的地方政治人物，許多人已渴望他出馬參選多年。

杜特蒂的父親曾經擔任菲律賓南方舊有的達沃省（Davao）省長，後來出任馬可仕第一任政府內閣閣員，母親則是教師和社會運動參與者，而杜特蒂本人在競選總統前長期是菲律賓南方大城達沃市（Davao City）的重量級政治人物。由於法律規定市長只能三連任，因此杜特蒂曾三度出任該市市長（一九八八－一九九八、二〇〇一－二〇一〇、二〇一三－二〇一六），其間由家人親信出馬擔綱，他則另任眾議員、副市長等職，早已在達沃市打造好根基深厚的家族政治王朝。

然而，單單這些制霸地方的成就並不足以讓杜特蒂成為家喻戶曉的人物。真正讓杜特蒂成為全國知名政治人物的，是他讓達沃市從著名的犯罪溫床蛻變為菲律賓人眼中全國數一數二的安全城市。多年前杜特蒂接受美國《時代雜誌》訪問時表示：「現在達沃市有和平與秩序的唯一原因，就是我。」而市政府觀光局也宣傳這是「東南亞最安全的城市」。

杜特蒂能有這樣的治理成績，他自認是靠靈活接地氣的交際手腕，以及無所不用其極的高壓作風。後者包括推動高壓政策，如未成年宵禁、特定時段禁售酒類產品、公共場合禁菸、噪音管制等，而杜特蒂本人也會參與深夜巡邏活動、懲罰偷懶失舉的警察。但另一方面，也有許多國內外非政府組織指控杜特蒂使用了非法處決及其嚇阻效果。根據國際特赦組織（Amnesty International）等團體的調查，被外界稱為「達沃行刑隊」（Davao Death Squad, DDS）的編制外武裝團體在一九九八—二〇〇五年於該市殺害超過三百位民眾，而在二〇〇五—二〇〇八年間還擴大行動，被殺害人數多達七百多人。根據「人權觀察」（Human Rights Watch）的報告，這些受害者大多疑似毒販、微罪犯罪者及街童。外界指控達沃市行刑隊及其非法處決行動，有達沃市政府及警方的私下授意、甚至是直接參與。

面對這些說法，杜特蒂並未迴避，他曾二〇一三年第三度就任達沃市長當天就對市內罪犯威脅：

「請停止，或離開。如果不能或不願意，你不會活下去的……除了監獄、看守所，還有——上帝保佑——殯儀館內，罪犯在本城市裡沒有立足之地。」

無論真實為何，這種「鐵腕」、「能辦事」的形象讓杜特蒂一宣告參選，即成為許多選民心目中能打破菲律賓僵局的人選，而杜特蒂長年地方政治人物出身的「半」局外人身分，也讓他一方面可以猛攻其他候選人為該承擔歷史共業的建制派，另一方面可以有實績證明他的執政能力。把「達沃市的轉型複製到全國」此一潛在的可能性，讓許多菲律賓人相當心動。

此外，杜特蒂鮮明、非典型的政治人物形象，也讓他在面對外界抨擊其性別歧視、威權色彩時，能夠幾乎毫髮無傷地繼續競選活動。這不容易，因為杜特蒂曾經說過的爭議性言論實在不少，他自己曾說：

「有時候，我就是控制不了我的嘴巴……我是一個充滿缺點和矛盾的人。」

確實，在治安方面，杜特蒂曾要求大家忘了人權這事，威脅要直接獵殺各路罪犯，也曾說過要將罪犯丟在馬尼拉灣餵魚。在對外關係方面，他粗口評論來訪造成塞車的教宗，並揚言未來會駕水上摩托車到南海島嶼上插國旗，若他當選總統讓澳洲、美國不開心，也歡迎兩國直接與菲斷交。這些超乎常規的發言讓不少菲律賓人皺眉，但杜特蒂也說過，「每一句髒話，背後都是有一個故事，人們應該看穿我的詛罵。」而許多菲律賓人顯然願意這樣看待他，把他發言風格視為一種真誠熱血的表現。

民主化政治的激進變形

在這種強硬形象之外，杜特蒂作為總統候選人的政見主張，反而相當彈性，承襲多過於打破舊有。他也並不如外界想像的讓貧苦階級狂熱，反而是成功地吸引了中產階級的選票，而以前中產階級是民主化政治最熱中的支持者。

和埃斯特拉達等菲律賓民粹政治人物不同的是，杜特蒂的反建制色彩並非建立在抨擊貧富差距、抗議富人剝削窮人之上，而是依靠強調「法治與秩序」（Law and Order）、提振基礎建設、承諾打擊貪腐與毒品犯罪等政策——這些都是迎合新興中產階級需求的競選主張，也難怪杜特蒂後來在小商家、計程車司機、海外移工等群體中得票率相當高，因為他們擔心菲律賓持續不減的惡劣治安、貧弱治理會危及得來不易的家產，而過往這都被傳統政商寡頭摒除於國家決策之外。若自由派政治的感化、漸進路線無用，現在菲律賓中產階級寧可要一個鐵腕打造的速成方案。

杜特蒂曾在馬尼拉的選前活動、有超過三十萬名支持者參與的競選集會中宣稱，他將在當選後半年解決菲律賓的治安及非法毒品的問題，並強調：

「我不是你們的完美選擇，但我是你們手中最後一張牌——我答應你們，我會捲起袖子、弄髒雙手來完成事情。為了菲律賓人民，我會把事情幹完。」

對杜特蒂支持者來說，重點未必是「什麼」政策，而是杜特蒂答應「怎麼」使命必達地完成它，這些話聽在許多對當前國家局面不耐的菲律賓選民耳中非常受用。

從這角度來說，杜特蒂是民主化政治某種程度上的激進變形版，訴求更極端鐵腕的手法，來完成各任前菲律賓總統們陷入泥淖、無力完工的事務。杜特蒂曾自稱是「菲律賓第一位左翼總統」，但他並沒有像自己宣稱的那麼左，經濟政策大體是延續自由化路線，而他對「強中央」的執念也不如馬可仕，反而是大推聯邦制改革，希望適度分權地方來對抗許多人口中「帝國馬尼拉」（Imperial Manila）的獨斷。作為總統候選人，杜特蒂的獨特吸引力其實是來自於「鐵漢柔情」的形象，還有那些不假修飾的偏威權色彩的口號，恰巧對應了民眾對於過往菲律賓政治僵局的不耐，也抓住了他們希望有人代勞獨斷、適度大破大立的渴望。相對而言，他那些表示必須大破大立的各項議題，反而沒那麼統一的意識型態輪廓。

舉例來說，在安全議題方面，杜特蒂支持軍警學習達沃市經驗，採取更強力的治安措施，來打擊菲律賓的犯罪、毒品問題——儘管菲律賓已於一九八七年宣布廢除死刑制度，是亞洲第一，但杜特蒂還是表示希望恢復對毒品等其他嚴重犯罪的死刑量刑空間，以此嚇阻犯罪問題。杜特蒂也倡議提升軍警的薪資待遇、讓菲律賓軍備現代化，並獲得不少退役軍方將領的背書支持。

在這些右翼主張之外，杜特蒂過往與菲律賓共產黨、新人民軍的關係也為外界熟知，競選期間就常被艾奎諾政府藉機抨擊，例如他選前曾前往新人民軍控制區帶回被俘菲律賓軍警、有新人民軍旗幟與人員出席的活動照片流出時，政府發言人就嚴肅地表示：「熱愛自由的公民有足夠理由感到警惕。」杜特蒂在競選期間承諾要與共產黨和談，但他與菲律賓共產黨流亡海外的實質領導人西松視訊討論土地改革、發展在地產業的影片，卻在菲律賓廣為流傳，這都是傳統上會讓菲律賓軍方相當警惕和觀察的事情。

然而，由於杜特蒂是出了名的主張彈性、立場經常輪動，就連西松本人對杜特蒂真實意象也無法十拿九穩，西松在選前受訪時強調，杜特蒂想要與新人民軍和平談判的立場未必這麼斬釘截鐵，其實他以前改變過許多次。無論如何，杜特蒂某些主張與左翼重疊是事實，他曾主張如果菲律賓與美國間現有的《菲律賓—美國訪問部隊協議》（Philippines–United States Visiting Forces Agreement）、《增強防務合作協議》（Enhanced Defense Cooperation Agreement）讓菲律賓司法管轄權受限，無法參與制裁犯法的個別美國軍人，那不如將它們全都撤銷。

此外，在政府效能、經濟發展方面，杜特蒂誓言提升政府效率和經商環境，他聲稱：「我希望所有授權、商務許可都在七十二小時內給出。如果超過七十二小時，就不准送出這些文件了，要轉給我，而我會問你，為何你花了三天以上的時間完成這些文件程序。」杜特蒂在和馬尼拉商業團體會面時也表示，他對調整憲法來提高外國投資者持有股權天花板、租借土地權利等事項保持開放的態度，也支持成立簡化商務規範的經濟特區來吸引外國投資者。對於影響商業活動、生活品質、日損菲律賓經濟超過五千多萬美金的馬尼拉都會嚴峻的塞車問題，杜特蒂也大力抨擊，表示上任後積極解決，全面提升馬尼拉陸海空交通品質。總體而言，杜特蒂是個立場親商的總統候選人，歡迎更多外來投資促進菲律賓發展，無論是來自中國、日本或其他國家。

另一方面，杜特蒂並非對政商寡頭及外國勢力言從計從的魁儡，他對過往中央政府的行事或既得利益者的抨擊毫不留情。儘管杜特蒂熱愛不受制約的政治權力，認為這是解決許多菲律賓政策死結的唯一方法，但他卻不是「強中央」的支持者，不對「強地方、弱中央」本能反感，反而主張菲律賓的政治體制應該更「去中心化」，希望透過更具聯邦制色彩的憲法框架來滿足各地方的特殊需求，而不是所有的事情都由馬尼拉決定。如在南方民答那峨島方面，杜特蒂支持渴望更多自主權的穆斯林，主張有個更寬鬆適當的自治區框架。杜特蒂之所以有這些主張，是因為他認為馬尼拉菁英收了這麼多地方的資源，卻像吸血鬼一樣貪婪濫用，僅回饋給地方很少的服務。

中產與鄉親助攻，杜特蒂壓倒性的勝利

在二〇一五年底展開競選活動後，杜特蒂早已獲得眾多憂慮治安議題的中產階級、馬尼拉地區民眾及老巢民答那峨島鄉親大力相挺。根據菲律賓民調公司「亞洲脈動」（Pulse Asia）選前不到兩週的民調，杜特蒂民調支持以在收入前百分之六十群眾中的百分之三十七最高，其次是在百分之六十－八十群體的百分之三十三，最後是倒數百分之二十的百分之三十一。在分區域支持度方面，杜特蒂在馬尼拉都會區獲得高達百分之四十的民調支持，是他僅次於民答那峨島百分之五十八外的高支持度。隨著選戰逐漸白熱化，這些支持成為他後來擺脫對手糾纏和領先的關鍵。

在中產階級支持方面，曾任亞洲基金會（The Asia Foundation）菲律賓辦公室副代表的瑪麗亞．布聶布拉（Maria Isabel T. Buenaobra）在受訪時表示，選舉期間杜特蒂主打的毒品氾濫、交通堵塞等議題，都與中產階級高度相關，因此很能引起共鳴。在交通議題方面，艾奎諾讓人民可以買得起車，但解決不了塞車問題，因此無法安心上路——因基礎建設破敗而生的焦躁不滿，是布聶布拉口中「中產階級反叛」的主要原因之一。在毒品犯罪方面，菲律賓歷史學家費洛孟羅．艾古拉（Filomeno Aguilar）在受訪時表示，這是杜特蒂一手創造出來的選舉議題，以前從來都不是菲律賓大選的主軸，但這次卻因為激起了菲律賓新興中產階級對身家安全的憂慮，而成為最適合杜特蒂本身形象發揮的主場議題。艾古拉強調，杜特蒂和埃斯特拉達大不相同，前者從未聲稱自己是群眾的一份子，頂多是表達對窮苦民眾的同情。

在民答拿峨島支持方面，出身達沃市的非政府組織工作者在受訪時表示，儘管他朋友的親戚死於非法處決下，但他還是能冷靜地理解為何杜特蒂會這麼受民答那峨島人的歡迎。因為杜特蒂直率的說話方式，讓許多鄉親感到親切，而他力爭上游、向馬尼拉政壇發起挑戰的舉動也讓他們感覺被激勵。在鄉親眼中，杜特蒂有著其他菲律賓政治人物所缺乏的做事決心，而投身民答那峨島和平進程多年的非政府組織「國際警戒」（International Alert）亞洲資深顧問法蘭西斯柯·洛拉（Francisco Lara Jr.）也表示，杜特蒂在民答那峨島多年成功斡旋於穆斯林武裝、共產黨新人民軍之間的經驗，讓在地人支持他繼續在中央發揮此一手腕，並尋找促進民答那峨島和平繁榮的機會。

除了杜特蒂本人的特質和主張之外，其對手的形象與策略德劣勢也帶來了不小的助益。戒嚴時期人權律師出身的副總統傑約馬爾·比奈（Jejomar Binay, Sr.）早就宣布參選，因此被自由黨卯起來攻擊，後來參議院還挖出許多比奈在任職馬卡蒂（Makati）市長期間疑似貪汙、擁有來路未明財產的情事，而重挫其形象。儘管比奈繼續主打扶貧扶窮的競選主軸，卻始終無法從高唱改變的杜特蒂身上吸走鎂光燈的關注。

自由黨的老政治人物羅哈斯則被認為菁英且不接地氣，早先他曾因二〇一三年海燕颱風時救災不力而形象受損。羅哈斯高喊要繼續艾奎諾政策的政治主張，並倡議自由黨招牌的良善治理「正確道路」，但其技術官僚、沉悶且有距離感的形象，難以激起選民的熱情。從自由黨的角度來看，「正確道路」可能代表的是改善尋常菲律賓民眾的好政策路線，因此需要大力保存，但這種態度卻難以贏得大多數厭惡現狀的菲律賓選民共鳴。若羅哈斯只是第二個艾奎諾，或甚至沒有艾奎諾好，那麼選民要如何再相信國家有改變的可能呢？

在競選期間唯一曾帶給杜特蒂過威脅的，可能是形象清新、獨立參選的參議員格蕾絲．柏吾（Grace Poe）。她曾長時間領先，但後來卻因菲律賓國籍身分、參選資格的爭議，被迫分散注意力打法律戰，導致支持率緩降。當菲律賓最高法院終於裁決確認她的參選資格時，杜特蒂已掌握了選戰節奏，並在民調上節節上升。力圖翻盤的柏吾苦思策略，其強調人性治理的主軸被認為過於軟弱含糊，而且對支持大破大立改革或維持「直接道路」的態度也不明確。其競選團隊內部對選戰策略的走向不同調——其中老一輩的希望打傳統的固樁選戰，而年輕一輩則希望與杜特蒂直球對決。曾任職柏吾選舉團隊的學者亞詹．艾古雷（Arjan P. Aguirre）在受訪時表示，柏吾最後會輸很可能是因為選戰被「錯誤操作」（mishandled），非常可惜。

二〇一六年五月九日，大選投票日終於來到。隨著票數開出，杜特蒂逐漸拉開差距，最終在一片驚嘆聲中以百分之三十九的得票率當選，國際媒體紛紛下了「菲律賓的川普」等聳動的標題，並搭配他過往曾說過的爭議性言論。在其他候選人方面，羅哈斯以百分之二十三．五列居第二高票，柏吾得到百分之二十一．四的票數屈居第三，比奈則僅奪下總票數的百分之十二．七，從這差距可以看到，杜特蒂的勝利是壓倒性的，是毫無疑問的。

無論是抱持著期待、緊張或恐懼的情緒，菲律賓人民全都屏息等待著杜特蒂總統任期正式展開。有些人抱持著杜特蒂的「選戰口號只是口號」的想法，認為他就職後未必能一切如其意，其他傳統政治勢力定能對他這個外人制肘。然而，至少從杜特蒂在該年六月三十日的就職演說來看，他本人毫無放緩強硬態度的意思：

「我知道有些人不贊成我打擊犯罪、制裁販賣及使用非法毒品和清除貪腐的方法。他們說我方法不正統，而且近乎非法。

作為回應，請容我這樣說：

我親眼目睹了，貪腐如何使政府公款流失，而這些資金本來是被分配用來使窮人擺脫困境的。

我親眼目睹了，非法毒品如何摧毀個人，並破壞家庭關係。

我親眼目睹了，犯罪是如何從無辜、毫無戒心的人手中奪走多年積累的積蓄。這麼多年的辛勞過去了，然後突然間，他們又回到了剛開始的地方。

請從這個角度來告訴我，我說錯了。

在這場鬥爭中，我請求國會、人權委員會以及所有的相關機關，准許我們進行與我們被授權任務一致的治理水平。這場鬥爭將是無情的，而且會持續下去。」

一場風暴即將來臨。

第七章　六年強人，動盪變局

儘管杜特蒂打了場瞄準毒品議題的反建制選戰，剛選完時有些菲律賓人認為，這至多是場成功的選戰操作，想仿造達沃市時期那種高壓、血腥，應該不太可能獲得大多數民眾的支持。畢竟菲律賓的毒品問題和他國相較並非特別嚴重，杜特蒂有些說法顯然是誇大了，因此政府也沒必要特地大做文章，菲律賓還有太多其他社會經濟發展的問題待解決。舉例來說，杜特蒂公開提及的菲律賓毒品成癮者大約有三百萬至四百萬，如其就任後就在第一次的國情咨文中表示：

「兩年前，菲律賓緝毒署的報告顯示全國有三百萬名毒品成癮者。那是兩或三年前的事了。你想想看，如果現在我們統計的話，數字會增加到多少？」

杜特蒂就職後不久，曾在家鄉發表爭議性的演說時表示：

「希特勒屠殺了六百萬猶太人。現在有……三百萬吸毒者（在菲律賓）……我很樂意宰了他們。

至少如果德國有希特勒，那麼菲律賓有我。你知道我的受害者們，我會希望（他們）都是罪犯，這樣會解決我國的問題、拯救下一代免於滅亡。」

杜特蒂指稱的數據並非沒有疑問。根據二〇一六年菲律賓總統辦公室下的危險毒品委員會（Dangerous Drugs Board）公布的「二〇一五全國毒品濫用概況調查」數據顯示，菲律賓全國毒品使用者約為一百八十萬左右（或是全國人數的百分之一．八），在十歲至六十九歲的盛行率則約為百分之二．三。和他國相比，這表現並不更為惡劣，如澳洲政府在二〇一六年的統計顯示，其十四歲以上人口有百分之十五．六在過去一年使用非法藥品；美國方面在二〇一八年統計顯示，十二歲以上約有百分之十一．七曾在過去一個月中使用非法藥品。那麼至於杜特蒂政府曾宣稱的「全國百分之七十五關於嚴重犯罪和毒品」呢？菲律賓警察負責關注嚴重犯罪的調查與偵探管理委員會事後表示，實際數據約為百分之十五，而和聯合國統計的全球平均百分之十八相比，菲律賓這方面的表現也並不特別糟糕。整體而言，菲律賓的毒品問題確實存在，但作為一場全國性的危機，則幾乎源自杜特蒂個人的政治創作。

六年過去了，事實證明杜特蒂的反毒宣言並沒有停在口號的階段，反而遠遠超過了單純的選舉修辭，成為其執政時期最惡名昭彰、最為國內外人士記憶的政治遺產。儘管這場毒品戰爭遭遇國內外媒體、非政府組織各種反彈聲浪，卻從未停下腳步。根據菲律賓大學研究，杜特蒂政府緝毒行動的血腥高峰是二〇一六年，當時每日平均有三．一人在相關行動中喪命，其後雖然下降，但到二〇一八年與

杜特蒂在地方警察局演講時，展示涉毒政治人物的名單。

二〇二一年時仍分別高達每日平均二．一人與二．一七人。這樣高度爭議性的掃毒行動能運行不斷，主要也是因為菲律賓國內民調對毒品戰爭及杜特蒂本人的持續高度肯定——菲律賓民調機構「社會氣象站」在二〇一六年十二月發布的民調更顯示，有高達百分之八十五的受訪民眾滿意政府在掃毒的表現，更有百分之八十八受訪者認為杜特蒂上任後所住區域的毒品問題獲得改善，其後相關民調也一直是高檔表現。

這樣持續性的高支持、高滿意度確實不是一般現象，尤其是和前幾任總統相比，杜特蒂的受歡迎程度並未隨著任期進行而掉落，反而不斷維持在高檔。

除了一般民眾的支持，在「強地方、弱中央」的政治結構下，原本就高唱「聯邦制」改革、無意挑戰此結構的杜特蒂，也成功攏絡了許多各地豪強菁英，而獲得了廣大且穩定的地方支持，毒品戰爭還可以順便拿來當作威嚇異議者的展示。顯然的，杜特蒂並未翻轉菲律賓的政治結構及挑動其他豪強菁英的規劃，大多數時候是抓著他在意的那幾個議題窮追猛打——某方面來說這也是有效、安全的政治操作策略，可以被貼上某種正面變革形象，而不需真的冒險結仇其他地方勢力。

反觀，當批評杜特蒂與其毒品戰爭者陸續落難，如參議員德利馬（Leila de Lima）被收押、最高法院首席大法官瑪麗亞．塞雷諾（Maria L. Sereno）被鬥爭下台，菲律賓民眾的反彈不大也不久，彷彿多數菲律賓民眾已下定決心，所有非意圖的間接傷害都可忽略，這次就是要不惜代價一路試驗到底，要試驗看看杜特蒂這種爆破療法能為菲律賓帶來什麼改變。可能也是因為這種心態，任何量化指標上的進步或退步，都不再是菲律賓民眾評價杜特蒂的標準，他們只要的杜特蒂就是那鐵腕形象的杜特蒂，「鐵腕」本身既是手段也是目標。

從另一個角度來說，在二〇一五年好萊塢電影《危機女王》中，美國女星珊卓．布拉克飾演的選舉策略家曾說出一段經典台詞：「當人們尋求希望的時候，傾向給新人機會；但當人們面對恐懼的時候，會趨向選擇熟手。」透過自己的選戰運作、政治操作，杜特蒂也激化了菲律賓中產階級對治安、對毒品氾濫議題的恐懼與不滿，並進一步把自己塑造成了應對這挑戰的唯一解答，而菲律賓民眾只能也只應該在這危險世界中對杜特蒂緊緊依靠，任其各種需索。

無論如何，有了民意的支撐及杜特蒂本人的授意，菲律賓警方積極出擊，有時甚至不惜遊走法律的灰色地帶，如二〇一六年七月至二〇一七年十一月執行登門拜訪疑似毒品犯的「敲門認罪計畫」（Oplan Tokhang）時，僅有百分之一．二是基於拘捕令，其他拜訪的當事人大多數只是因為他列名可能毒品犯的「名單」上。這些名單由村級官員整理交給警方，菲律賓政府還另外公布涉嫌參與毒品活動的政府官員名單，只要列名名單上就可能遭警方騷擾，甚至在許多案例上是致命性的對待，但當事人卻鮮有完備的救濟程序可自保。根菲律賓緝毒署的數據顯示，自杜特蒂上任至二〇二〇年一月為止，警方緝毒行動造成五千六百零一人死亡，同時期有近十七萬人被捕、近三十二萬人從勒戒教育活動中結業。這數據被許多外部組織批評為低估，並未計入被不明人士法外處決的案例，如在同一時期至少有高達三千零二名與緝毒相關的死亡人數仍被列為「死因調查中」。

到了二〇二一年七月底，官方數據顯示緝毒行動中的死亡人數再攀升至六千一百八十一人，而人權團體的估計則更高，落在兩萬七千人與三萬人之間（包含命喪法外處決的人）。而與此同時，根據菲律賓警方公告的數據顯示，杜特蒂總統任內的犯罪率比前總統艾奎諾任內銳減百分之六十四·五，其中馬尼拉都會區下降百分之五十九·三。

血腥的毒品戰爭，警察體系的新舊困境

要了解杜特蒂毒品戰爭裡層出不窮的暴力事件，就需置入菲律賓警察體系的演進脈絡，及其結構性困境中來觀察。這是個有長期軍事化歷史的組織，同時也被資源不足與地方政治所困，一直以來都存在著被有心人士操弄的可能。

菲律賓最早的現代化警察制度，和美國殖民地的創建有密切關係。當時在美菲戰爭期間，由於大

批美軍志願部隊將於一八九九年結束任務歸國的員額壓力，於是美國殖民地機構成立了島嶼保安隊（Insular Constabulary），並於一九〇一年更名為菲律賓保安隊（Philippine Constabulary）。這個由菲籍士兵與美籍軍官組成的武裝部隊，便成為美國綏靖菲律賓反抗軍的重要力量，也使得草創的菲律賓警察體系與軍事任務有了藕斷絲連的關係，一直影響著現代菲律賓。

由於外部戰爭與內部共產黨、穆斯林分離勢力的動盪不安，菲律賓保安隊數度進出菲律賓國防體系編制，而雙邊人員頻繁互調，讓保安隊一度與空軍、陸軍、海軍並列為菲律賓國防的四大支柱。在前總統麥格塞塞（一九五三—一九五七）任內，和美國中央情報局（ＣＩＡ）密切合作的保安隊擔綱剿共的主力，旗下的尼涅塔（Nenita）突擊隊成為中部呂宋地區農民的惡夢，以酷刑與法外處決對待共產黨嫌疑人而聞名。當一九七五年保安隊獲得由地方警察部隊、消防與獄政體系重組而成的整合國家警察（Intergrated National Police）的掌控權後，菲律賓警察體系進一步成為獨裁者馬可仕鎮壓異己的鐵腕部隊，時任保安隊總監、後來成為菲律賓總統羅慕斯指揮下的警察體系，曾犯下多宗人權侵害案件。

菲律賓警察體系的去軍事化進程，要等到民主化後一九九一年才開始，在當時國防部底下的保安隊改組成立菲律賓國家警察（Philippine National Police），並交由文人掌權的內政部指揮。然而這切割並不完整，目前仍有相當數量的菲律賓警官並非菲律賓國家警察學院（Philippine National Police Academy）的畢業生，而是菲律賓軍事學院（Philippine Military Academy）的校友，這是過往將菲律賓警察置於國防編制下的副作用。在菲律賓國家警察成立後，儘管部分原保安隊成員選擇回歸軍隊體系，其他則與整合國家警察併入新的菲律賓警察體系。但由於保安隊系較成熟的恩庇制度，目前警察學院畢業生仍未在警察體系內全面掌權。而穆斯林分離勢力與新人民軍仍舊存在的現實，也讓菲律賓警察得繼續肩扛治安和綏亂的雙重任務，以致菲律賓國家警察學院仍難捨棄部分具軍事色彩的訓練課程。

但在菲律賓警察體系在邁向專業化的路途上，不只有往日的軍事與威權遺緒待克服，還有「待遇低落」與「地方政治攪和」這兩大阻礙得面對。

在待遇方面，除了低薪之外，菲律賓警察長期面臨著配備、設施短缺的窘境，從電腦和傳真機不足到缺乏司法協助和槍械警車，有時甚至得自費添購配備。這種待遇低落的現實，不令人意外地將部分員警推往毒品交易、勒贖索賄等惡習的不歸路。

在地方政治方面，儘管菲律賓國家警察隸屬內政部，但地方政府卻對轄區內警察有任務監理、任命高階警官的權力，以致地方豪強菁英家族可將觸手伸入警察機關，使後者在部分地區幾乎成為私人武裝。

整體而言，菲律賓警察體系幾近是制度性的貪腐化、政治化和軍事化，而負面新聞不斷的形象也持續挫敗著警察的士氣。

儘管明眼人都可看出菲律賓警察體系亟需改革，杜特蒂卻選擇了錯誤的方式，不斷將他們推上全面性毒品戰爭的火線，還屢屢鼓動、捍衛警察執行緝毒行動時的過當舉措，認為這是達成菲律賓治安改善的有效捷徑。上位者思維的負面影響，從二〇一六年底的艾斯皮諾薩（Rolando Espinosa）獄中死亡事件就可清楚看出。當時因涉毒被關押的菲律賓中部艾爾布韋拉（Albuera）市市長艾斯皮諾薩，竟於二〇一六年十一月五日凌晨遭菲律賓刑事偵查組（CIDG）警員闖入牢房槍殺。有證人表示曾聽到市長死前曾哀求：「拜託不要栽贓我，我沒任何東西……」但菲律賓刑事偵查組警方卻聲稱，他們是在搜索牢房內的不法物品時，遭艾斯皮諾薩持槍朝他們射擊，他們只得選擇自衛反擊，意外且不意外的是，這段時間的監視器畫面卻告失蹤。儘管菲律賓司法部下的國家調查局、菲律賓參議院認定這是有意圖的謀殺，杜特蒂卻很快地讓涉案的十九名警察們復職。他先前就表示：

「我不會讓這些人進監獄，就算國家調查局說這是謀殺。畢竟，國調局是在我司法部的手下。」

當然，並不是每次杜特蒂對警察的護短言行都被民眾認可。如二〇一七年八月十六日在馬尼拉都會區的掃毒行動後，十七歲的齊安．戴羅斯桑托斯（Kian Delos Santos）被發現陳屍於瓦礫堆，身旁有一把槍和一小包毒品；一開始警方聲稱他拒捕開槍而引發槍戰，但根據稍後公開的監視器畫面，事實上是兩名警員將桑托斯拖往喪命地點的方向，這和警方證詞有所出入，非常可能是蓄意栽贓，菲律賓輿論為之譁然，不但朝野參眾議員、天主教會連番炮轟，社群媒體上也是一片#齊安要正義（#JusticeforKian）的主題標籤。相較於市長之死，為何十七歲少年喪命能激起如此大的反彈呢？因為影片的畫面鐵證如山，警方證詞明顯有誤，不像艾斯皮諾薩獄中死亡事件有掩飾的空間，而民眾比較不能對視覺感官的衝擊冷漠，陸續傳出的悲劇故事也讓民眾直呼：「無辜，夢想著成為警察的高中生竟被警察蓄意槍殺！」面對當時前所未有的輿論風暴，菲律賓總統府改變早前「這是個案」的態度，保證啟動對涉案警察的調查，並改口稱「任何一位菲律賓人的死亡都是太多，尤其是桑托斯的（不幸喪生）」，並將該轄區警察局長與涉案警員已經撤職候查。三名涉案警員在二〇一八年十一月被法院宣判無期徒刑，這是杜特蒂毒品戰爭中首度有員警被定罪。

在這場毒品戰爭中，如此的民意反彈、警員被判刑是非常罕見的，基本上可稱為異數，不僅觀察家不斷預測的杜特蒂民調滑落從未到來，連國際批評菲律賓輿論如何評價杜特蒂的影響也是越來越小。杜特蒂曾在二〇一七年因民意變化而將警方自反毒行動中剃除、改由菲律賓緝毒署與軍方執行，但沒幾個月後又啟動新的「雙管計畫」（Oplan Double Barrel），表示將更謹慎且有規則地執行緝毒任務，民調數據也很快地從早前的小滑落快速回升。面對國際社會對毒品戰爭的關切與批判，杜特蒂政府早先宣布菲律賓不惜一切退出國際刑事法院（International Criminal Court），多數菲律賓民眾也未顯現出特別強烈的反彈意見。儘管國際刑事法院後來仍於二〇二一年九月批准全面調查杜特蒂的毒品戰爭，表示國際刑事法院對菲律賓作為締約國期間所犯下的罪行仍有管轄權，但外界仍預期這將會是耗時多年的司法拔河，短期內不會為當前菲律賓政治地景帶來任何翻天覆地的改變。

官史的竄改，記憶的鬥爭

真的已翻天覆地的，恐怕是菲律賓民眾政治意向的轉向，尤其是在主流民意對威權統治的當代思考與歷史記憶——這很可能是在毒品戰爭外，杜特蒂六年執政為菲律賓留下的第二大政治遺產。菲律賓民主化歷史的敘事，從未在實踐與詮釋上遭受挑戰，杜特蒂不但運用其高民意的支持來凸顯馬可仕威權時期的正面意義，在言行上也力挺馬可仕家族後代的政治野心。

杜特蒂一上任，就不斷為馬可仕的威權統治緩頰辯護，說馬可仕的戒嚴令「很好」，稱他是家鄉父老眼中的「英雄」，也是菲律賓前總統當中「最聰明」的一個。他不但在馬可仕的家鄉省份宣布這位前獨裁者的生日為公定假日，並提議廢除負責追討馬可仕家族不法所得的廉政委員會（PCGG），還聲稱若馬可仕家族願意將不法取得的錢財歸還國家，他就特赦他們過去的罪責。總體而言，杜特蒂認為儘管馬可仕執政整體表現有優有劣，但過去是過於一面倒地抹黑馬可仕，如他在當年十一月就公開表示：

「無論他（馬可仕）的表現是好是壞，都沒有相關研究，也沒有關於它的相關電影。現在有的就只是對方的挑戰和指責，但這是不夠的。」

杜特蒂不只是流露同情而已，還身體力行為馬可仕家族背書。當小名「邦邦」（Bongbong）的馬可仕兒子小費迪南德·馬可仕（Ferdinand Marcos Jr.）參議員在二〇一六年競選副總統一職以微幅差距落敗時，杜特蒂便曾多次在公開場合暗示他對邦邦的支持，甚至還曾以「若邦邦贏得選舉申訴，他很可能成為我們新的副總統」這樣的說法介紹邦邦。而當杜特蒂表達想在二〇二二年任期結束前提早辭職，並警告菲律賓民眾最好「選擇像馬可仕這樣的獨裁者」繼位時，其政府的發言人也恰巧回應媒體說，邦邦就是一個能讓杜特蒂放心的人選。杜特蒂公開支持邦邦，但他不只是如此對待邦邦，當二〇一九年邦邦的姊姊艾米・馬可仕出馬競選參議員時，她曾提出爭議性的看法：現在是時候老一輩的年輕人學學現在的年輕人，要「向前看」，不要念念不忘威權時期的種種，而杜特蒂也不意外地對此悶不吭聲，繼續為艾米背書。

在這幾年杜特蒂力挺馬可仕家族並為其歷史地位翻案的過程中，最具爭議性的恐怕是他在二〇一六年十一月獨排眾議，將馬可仕的遺體由其家鄉移葬於馬尼拉近郊英雄墓園（Libingan ng mga Bayani）。過去曾有菲律賓總統提議這樣做，但他們後來都因民意反彈等原因而放棄，因此當杜特蒂動用上千名軍警閃電執行此行動時，果真引起菲律賓全國的震撼。在杜特蒂眼中，這是邁向歷史和解的一步，是給馬可仕家鄉的鄉親父老的撫慰與交代；然而在眾多菲律賓各界人士眼中，這是在漂白馬可仕的威權統治，是對該時期受害者的大不敬。著名歷史學者、菲律賓大學歷史系退休教授瑪麗絲・鳩克諾（Maris Diokno）就因此宣布辭去菲律賓國家歷史委員會（National Historical Commission of the Philippines）主席一職，表示這場葬禮是：

「……錯誤的，否認我們的歷史，抹煞那些被消失及被摧毀的生命的記憶，嘲弄我們推翻獨裁者時的集體行動，並抹黑我們奮鬥爭取自由的價值。」

面對杜特蒂企圖修正對馬可仕統治的歷史敘事，不只老一輩經歷過威權統治的人出來反對，也有不少年輕一代的中學生和大學生站出來發聲，有學生團體表示：

「……在各種企圖恢復獨裁者馬可仕、戒嚴令名譽的政治假消息和歷史扭曲中，我們有責任#永不遺忘（#NeverForget）過去的教訓，並要利用它們來揭露那些操弄謊言與詭計、試圖將我們國家銬回獨裁者鐵腕統治的人。」

儘管反對者極力反抗，但在杜特蒂使用總統聲量宣傳的鬥爭中，馬可仕的同情者確實獲得前所未有的發言空間，也因總統選擇「中立」而得到了在公眾面前的正當性。邦邦曾多次公開表示，現在教科書對於他父親統治的敘述是不合理的，是有鬥爭意圖的政治宣傳，是在「教小孩謊言」；曾任馬可仕政府司法部長、國防部長的菲律賓前參議院議長胡安・恩里萊（Juan Ponce Enrile）也在電視上與邦邦對談時大言不慚地說道：

「給我一個在馬可仕任內因宗教、政治信仰被逮捕的人的名字！沒有人。給我一個只因批評馬可仕就被逮捕的人的名字！沒有人。」

這樣的說法是公然無視於戒嚴時期無數起人權的侵害，欲於菲律賓民眾對既有建制派（如自由黨）不滿的情緒中，為馬可仕吸收新粉絲與同情者。許多民眾渴望新歷史敘事，來解釋他們當前社會經濟發展的困局。在這幾年菲律賓社會劇烈的歷史重評價中，杜特蒂扮演了重要的角色，自從擔任總統以來，他從未出席每年二月所舉行的人民力量革命年度紀念活動，而這是以前菲律賓總統本人必定出席參加致敬的活動。

曾經主宰菲律賓主流多年的民主化歷史敘事，現在沒了官方全力背書，未來也未必能繼續成為主流。對那些希望菲律賓人民能因學術研究、公民對話而產生對威權時期更細緻理解的人來說，舊有黑白二分歷史觀確實逐漸被挑戰，但這並非因為幽微的細節被注意、歷史的灰階地帶被討論，單純只是因為有些人想要顛倒舊有的歷史觀，讓曾被標籤為惡質的成為民族英雄，而過去被視為楷模的人變作十惡不赦的自私壞人。

民答那峨島，兩年半的戒嚴時期

杜特蒂不僅在歷史敘事上鍾情馬可仕，其六年政治風格和政策施行確實也與這位前獨裁者如出一轍。

首先，杜特蒂在任內曾多次提起宣布戒嚴的可能性，他也不避諱挑動過去敏感的歷史，並啟動菲律賓自民主化以來最長的地區性戒嚴。

當又稱南蘭佬伊斯蘭國（Islamic State of Lanao）的恐怖組織馬巫德集團（Maute Group）在菲律賓南方馬拉韋（Marawi）市與軍警爆發大規模武裝衝突，數千平民逃出該市，正在俄國訪問的杜特蒂於二〇一七年五月二十四日晚間宣布民答那峨島進入戒嚴狀態，希望藉此穩定局勢。此戒嚴令是一九七二年以來菲律賓第三個戒嚴令，也是菲律賓史上第二個地區性戒嚴——二〇〇九年，艾若育曾為因應馬京達瑙省（Maguindanao）造成五十八人死亡的選舉血案宣布該省戒嚴，七天後在內閣建議下終止。提前結束訪問行程返國的杜特蒂在返國記者會上表示，若情勢必要，可能將戒嚴範圍擴大到中部維薩亞斯（Visayas）群島，甚至全國，而且不排除延展戒嚴時間達一年。他還語出驚人地表示：

「戒嚴就是戒嚴，而且不會和馬可仕總統所做的有任何不同。我會很嚴厲。」

面對此令人震撼的戒嚴令，當時不少異議者認為，實在沒有必要將戒嚴擴至全民答那峨島如此大的範圍，更遑論全國，畢竟該島面積將近臺灣本島的三倍，人口超過兩千萬。但許多菲律賓人認為，只有透過戒嚴令等強勢手腕，才能解決困擾當地多年諸多結構性的問題，因此予以支持。除了宗教、族群關係緊張外，民答那峨島長期以來受到天主教移民與本地穆斯林土地糾紛、家族間武裝對抗的困擾，而且分離勢力、共產武裝和恐怖組織也與政府衝突不斷，造成民答那峨島家戶平均收入、人均壽命等重要指數都遠低於菲律賓全國平均數。

與馬可仕在一九七二年運用來宣布戒嚴的一九三五年版憲法相比，一九八七年頒布的菲律賓憲法記取教訓，不但緊縮總統實施戒嚴的相關權力，也提供國會、最高法院反制的機制及訂定戒嚴時限，並確定戒嚴期間司法單位與立法單位仍將獨立運行。菲律賓總統在「在遭遇侵略、叛亂，公共安全所

慘烈的馬拉韋之戰。

需」（in case of invasion or rebellion, when the public safety requires it）的情況下得以宣布戒嚴，但必須在戒嚴宣布後四十八小時內以口頭或書面呈報告給菲律賓參眾兩院，由國會表決是否認可，過半通過則得實行六十天，而若過半數議員同意，則能於期滿後延長戒嚴時限超過原定的六十日。在這過程中，最高法院有權對戒嚴令加以審理，得檢視戒嚴措施「是否具有充足的事實根據」。由上述可見，這並不是一個預備給予總統長時間實施戒嚴統治的憲法框架，然而由於戰事持續進行，與政府宣稱有反恐平亂之必要，獲得國會背書的杜特蒂，最終讓此戒嚴的長度遠超過許多人的預期。

馬拉韋之戰是菲律賓史上最長的城鎮戰，自五月開始到該年十月底才結束。菲律賓軍方曾一度投入超過六千名士兵，對付上馬巫德集團在當地的上千名武裝份子，雙方皆傷亡慘重，前者有一百六十八人陣亡、上千人負傷，後者至少有九百七十八人死亡，上百萬名平民被迫暫時流離失所，後來許多有機會返回家園的居民也震驚地發現城市在戰事中幾近全毀。

儘管戰事結束了，宣布解嚴的時間卻一延再延，共延長了三次，直到二〇一九年十二月三十一日才解除，民答那峨島終於結束長達兩年半的軍事管制狀態，但仍然維持緊急狀態（state of emergency）——由於二〇一六年九月達沃市發生造成十四人喪命的炸彈攻擊事件，當時菲律賓立即宣布民答那峨島進入緊急狀態，由軍警升高對當地的人員與活動管制。到了即將宣布解嚴時，連總統女兒、達沃市市長莎拉．杜特蒂（Sara Duterte）都抱怨戒嚴令如何影響投資人、觀光客來該市與民答那峨島的意願。在長時間的戒嚴中，非政府組織追蹤到八十多萬起人權侵害事件，包括軍警藉機騷擾進行合法活動的非政府組織與異議人士，這顯然和杜特蒂宣布戒嚴期間「零侵害」的結果有巨大落差；二〇一九年九月「國際警戒」（International Alert）出爐的報告也顯示，二〇一八年民答那峨島的暴力事件較前年銳減百分之三十，衝突中的死亡人數也有所降低。軍方表示，當時的戒嚴管制有效遏止了更多恐怖攻擊事件的發生，其後杜特蒂政府又於二〇二〇年中通過具爭議性、被批評為過度危害人權和言論自由的《反恐怖主義法案》，進一步賦予了軍警單位更多「牙齒」來應對恐怖主義威脅。

威權幽靈進逼，步步驚心

儘管在民答那峨島動用緊急權力、宣布戒嚴等強勢措施有其可能的正當性，但杜特蒂更大的爭議在於，在其他治理面向他亦偏好使用這些強勢權力，會使出超乎合理常規的手段來打壓批評者，因此引發部分人士指控其統治有「獨裁」、「威權」的傾向。

儘管有時僅止於威脅的階段，但杜特蒂對緊急權力的偏愛，從其總統任內表現來看相當顯著。無論是為抗擊政府內繁文縟節，或為應對嚴重特殊傳染性肺炎（COVID-19）疫情，他一開始的反應往往是要求國會授予他緊急權力，聲稱若非如此他將無法解決任何問題。譬如在面對馬尼拉海灣、水道的汙染問題，杜特蒂曾表示他的解決方案無法快速進行，因為還需「應對民主與法庭」的干擾，而若下一任總統想解決這環境問題，他需要擁有下戒嚴令的權力才能解決這個挑戰；在競選期間，杜特蒂宣稱將解決馬尼拉都會區的塞車問題，就任後曾幾度大動作地要求國會給予總統緊急權力，來解決盤根錯節、困擾多年的首都交通問題。根據日本相關研究顯示，每天馬尼拉因交通堵塞問題所導致的經濟損失，已從二〇一二年的四千六百一十萬美元，飆升到二〇一七年的六千七百二十萬美元。後來杜特蒂放棄追求這方面的緊急權力，甚至在二〇一九年宣告解決乙沙大道交通瓶頸的努力失敗，但他卻在二〇二一年中宣布馬尼拉主幹報的堵塞問題已告解決，而引發許多爭議。外界認為若近來馬尼拉的交通真的有所改善，那是因為疫情管制措施導致車流量減少的關係。

杜特蒂也常突發宣布政策，無論是為刻意或恰巧符合其「不惜一切、不顧一切」的強勢鐵腕形象。如二〇一八年四月杜特蒂宣布，為整治汙染，禁止菲律賓旅遊勝地長灘島（Boracay）的觀光活動六個月，不惜讓島上三萬六千名勞工瞬間失業，當時即有團體批評，政府會有此大動作完全是在為澳門財團牟利，為其在當地興建高級賭場度假村鋪路。而該年三月澳門「銀河娛樂集團」就宣布與菲律賓休閒娛樂企業合作，將投資五億美元在長灘島大興土木。後來一度因為杜特蒂反對而喊卡，但他又以菲律賓經濟受全球疫情衝擊、財政有需求為由改變心意，表示「我們可以從哪邊得到錢，我都會接受……如果來源是賭博，那就這樣吧」，讓未來賭場度假村出現在長灘島的機率高漲。

若批評者是外國人，杜特蒂可能只會辱罵，如美國總統歐巴馬批評杜特蒂的毒品戰爭，就被杜特蒂在公開演講時粗口罵道「下地獄吧」、「婊子養的」；但若換成國內的批評者，其遭遇可能未必那麼幸運，如菲律賓最大傳媒集團ABS-CBN因批評杜特蒂和家族成員，在二〇一六年大選只上杜特蒂對手而不上他的廣告而被其記恨，後來經營權竟然未被國會核准續約，當時使用的理由有ABS-CBN集團大規模逃漏稅等。曾獲選為美國《時代雜誌》年度風雲人物的菲律賓記者瑪麗亞・瑞薩（Maria Ressa）亦於二〇一九年因涉嫌「網絡誹謗罪」而遭國家調查局拘捕，其創辦的新聞媒體《拉普勒》（*Rappler*）也早在前一年遭政府撤銷執照，同樣也是被指控逃漏稅。然而，仍有許多人看出瑞薩是受害者而非罪犯，如她後來因為多來年對捍衛新聞自由、言論自由的堅持，而成為二〇二一年諾貝爾和平獎的共同得主。杜特蒂諸多打壓新聞自由的措施遭菲律賓記者團體大力批評，認為是「流氓政府的無恥迫害行動」。當二〇二〇年九月全球網路巨頭臉書（Facebook）下架一批親政府假帳號時，也遭杜特蒂痛斥並暗示威脅要將他們逐出菲律賓。

除了媒體工作者與網路平台，連批評杜特蒂政府的參議員德利馬（Leila de Lima）、特立尼斯（Antonio Trillanes IV）也難逃遭拘捕的命運，前者至今仍在獄中。即使是一般批評者，杜特蒂政府也未必鬆手，如二〇二〇年菲律賓政府海外勞工辦公室企圖與一名在台菲籍移工的仲介、雇主協調遣返事宜，事件的起因只是因為這位勞工在網路上批評了杜特蒂的防疫政策，所幸遭到台灣政府的拒絕。

杜特蒂在競選期間宣稱自己是左翼，在任期一開始就釋放多名菲律賓共產黨高層，並任命該黨成員為內閣成員，還啟動雙方新一波和平談判，但後來杜特蒂政府與共產黨一時的友善關係仍宣告破滅，血腥武裝的對決再度成為常態。雙方曾付出的努力包含同意停火，共產黨與新人民軍甚至對毒品戰爭人權侵害睜一隻眼閉一隻眼，但由於歧見過大、大小衝突引發停火停止，後續談判進程漸漸擱淺。翻臉的杜特蒂政府於二〇一七年十二月啟動宣告菲律賓共產黨、新人民軍為「恐怖組織」的程序，也開始抓捕親共黨的左翼外圍組織，而根據菲律賓軍方的說法，指定「恐怖組織」這標籤能讓他們能把共產黨、新人民軍成員適用針對恐怖份子的更嚴厲法規。曾努力在軍方與共產黨武裝間維持平衡、促進和談的杜特蒂，最終仍選擇了導向軍方高層的偏好，甚至於二〇二一年三月表示要軍方「殺死」、「了結掉」國內共黨叛軍們，而他們可以「忘了人權。這是我的命令。我願意坐牢，這不是問題。」——在此宣言後兩天，就有九名菲律賓左翼社運人士於警方行動中喪生。

杜特蒂六年，就是菲律賓近年來政治張力最高的六年，一波波血腥不斷試探著菲律賓人民的底線，而行政權的橫衝直撞也叩問著菲律賓人民心中的合理民主憲政框架，到底要到何處才算止步。就此而言，疫情期間位列全球數一數二嚴苛的封城措施，只不過是加劇了既存的社會分裂。杜特蒂任命在馬拉韋之戰有功的前三軍參謀長、退役將領加里多・賈維茲（Carlito Galvez Jr.）為全國防疫政策總指揮，運用軍警在全境廣設檢查站實施「加強型社區隔離」（Enhanced Community Quarantine），其本人不但威脅過要槍斃不遵守封城措施的民眾，派去宿霧市指揮防疫的另個退役將領還動用過軍方裝甲車、直升機與特戰部隊巡視街道。面對批評防疫措施的醫護們，杜特蒂則指控對方企圖推動「革命」。

個人色彩濃厚、打破常規的外交政策

杜特蒂的外交政策和鐵腕作風，很大程度上是其世界觀的延伸，其中包含他對美國根深柢固的反感。杜特蒂故鄉所在的民答那峨島，過去即曾因頑抗美國入侵而發生多起屠殺慘劇。鮮血沾染的土地，從不缺席復仇的後裔，青年杜特蒂赴馬尼拉就讀大學後，在創辦菲律賓共產黨的老師西松的引領下，植入了對美國帝國主義的批判性思考，至今仍未消退。二〇一六年他前往寮國參加東協領袖峰會前在民答那峨島表示：

「菲律賓不是附庸國。我們早已不是美國的殖民地……你必須帶有敬意。你不該就丟出問題與聲明。」

「他（歐巴馬）能解釋一下在這個島上被屠殺的六十萬摩洛人（菲律賓各穆斯林民族）嗎？那段卑鄙惡劣的時期可有被記載於歷史中。」

杜特蒂的說法一方面直白地向關切毒品戰爭侵害人權的美國表達不滿，另一方面也顯露杜特蒂反美情結的深層歷史根基。杜特蒂表示，美國有太多需要向菲律賓負起責任的昔日罪行，而菲律賓至今都未得到任何正式的道歉。雖然過往積極抱持反美論述的多為左翼國族主義和共產黨員，但連更主流的政治人物間也存在一定程度的這樣思考，如菲律賓參議院在一九九一年曾針對即將到期的菲美《軍事基地協定》（Military Bases Agreement）進行審查，眾多議員就表示讓美軍繼續菲律賓活動是對國家主權的侵害，最終以十二：十一的票數拒絕通過新協定，美國只得把呂宋島上的克拉克空軍基地、蘇比克灣海軍基地等軍事基地歸還給菲律賓。

除了上述歷史性因素外，杜特蒂的親身經驗也讓他變得更反美。二〇〇二年，一個名為麥可・梅林（Michael Meiring）的美國男子在達沃市的住宿酒店房間發生爆炸，他本人身受重傷，事故起因似乎為他擺放於房內的炸藥。達沃市警方除了對其提起訴訟外，他們也因當時在民答那峨島頻仍的爆炸案件而對這位美國人展開更深度的調查，沒想到佩戴美國聯邦調查局（FBI）徽章的人員在一天內就賄賂醫院人員，偷偷地將梅林帶回美國。對於這種侵害菲律賓主權的行動，時任達沃市市長的杜特蒂憤怒地表示，美國大使承諾會展開徹底調查，並向他提出報告，結果未收到報告，他認為這算是美國侮辱了菲律賓。

對美國的忿忿不滿，讓杜特蒂就任總統後威脅要廢止讓美軍得以在菲律賓定時輪調部隊的一九九八年菲美《訪問部隊協議》（Visiting Forces Agreement）及二〇一四年《增強防務合作協議》（Enhanced Defense Cooperation Agreement），並於二〇二〇年二月宣布欲終止前者，當時官方說法是要讓菲律賓的外交關係多元化，事實上是杜特蒂不滿其盟友因其涉及侵害人權被取消赴美簽證。他憤怒地表示，菲律賓並不需要美軍的幫忙來對抗恐怖份子和毒品威脅，菲律賓軍警有能力自己處理。雖然後來杜特蒂政府於六月放棄了早先這個決定，但當時確實引起菲美兩國國防單位一陣恐慌。綜觀其任內表現，杜特蒂的對美態度始終帶著不可預測的可預測性，一貫地堅定反美，儘管時任美國國務卿的蓬佩奧（Mike Pompeo）表明美國在南海協防菲律賓的意願，並首度公開表示：「菲律賓在南海的軍隊、飛機或公共船隻若遭受任何的武裝攻擊，都將按照《美菲共同防禦條約》（Mutual Defence Treaty）第四條啟動共同防衛義務。」但這仍無法改變杜特蒂的態度。

除了這種後殖民的反美傾向外，杜特蒂並未採取一種純粹左翼的反帝國主義、反資本主義的外交布局，反而將全副心力放在推動「發展外交」（Developmental Diplomqcy），希望拉攏大量外資投入菲律賓經濟建設，尤其是不會指點其國內政策點的中國、俄國等威權國家。為達成這個目標，杜特蒂不惜將二〇一六年海牙常設仲裁法院對菲律賓有利的南海裁決予以冷處理，而他在向菲律賓民眾推銷其中國政策時，也常強調菲中關係和緩後將帶來豐沛的經濟機會。

例如，二〇一六年杜特蒂首度出訪中國前，曾赴南方的巴西蘭省（Basilan）拉米坦市（Lamitan City）公開演講，希望他們認可自己與艾奎諾前總統迴然大同的中國政策和南海政策。該地漁民相當依賴南海傳統魚場，儘管二〇一六年七月南海仲裁案的結果認可了菲律賓漁民在黃岩島有捕魚權，但中國至今仍持續阻撓菲律賓漁民於該地捕魚。杜特蒂在演講時安撫民眾：「我相信中國真的想大力幫忙我們……我答應用從中國所獲得的貸款來建設醫院和學校，如果還有剩餘的話，我會幫你們建造一座發電廠。」

然而，拉米坦市的故事不過是杜特蒂「中國錢」的願景下遍布全國的眾多承諾之一。

同年十月，首度赴北京訪問的杜特蒂，與習近平舉行雙邊會談，會後簽署十三項雙邊合作文件，內容涵蓋農業至海警溝通機制等面向，並宣稱將推動菲律賓加入北京所主導的亞洲基礎設施投資銀行（AIIB）。菲律賓貿易與工業部表示，這次訪問簽署的協議總值高達一百三十五億美金，媒體報導紛紛指稱杜特蒂為錢與美國分道揚鑣。杜特蒂說，現在菲律賓與美國「是說再見的時候了」，他在訪問時也於人民大會堂對滿場聽眾大膽表示：

「我已經在你們的意識型態道路上重新調整了自己，也許我也會去俄羅斯和普京丁談談，告訴他我們三個——中國、菲律賓和俄羅斯——可是站在一起面對世界。這是唯一的道路。」

杜特蒂在任內曾五度出訪中國，是其任內拜訪次數最多的國家，包含兩次單獨赴北京與習近平等中方高層會談，兩次參加「一帶一路」國際合作高峰論壇，以及一次參加「博鰲亞洲論壇」，由此可知杜特蒂非常積極拓展中菲經濟關係及援助合作，並渴望吸引更多中資來菲投資。為回報杜特蒂的努力，習近平也於二〇一八年十一月訪問菲律賓，這是十三年來中國國家主席首度專程訪問該國，期間雙方也積極洽談經濟合作。這些年來杜特蒂所達成的成果，表面上看來不負眾望，如在二〇一九年中國對菲投資金額達八百八十六億美元，超越美國、日本，成為菲律賓當年最大投資國，而在杜特蒂任內中國也長期穩居菲律賓最大貿易夥伴和進口國。

儘管有些成果，但中菲關係實質的進展並未如杜特蒂所宣稱的那麼完滿成功。

2018年4月，杜特蒂前往中國參加博鰲亞洲論壇，與中國國家主席習近平在博鰲國賓會館晚宴時握手合照。

中國對菲投資是增加了，但大多數落在零售、房地產與離岸博彩業等產業，反而杜特蒂所渴望的基礎建設投資卻落空不少，如二〇一六年對菲律賓承諾的七千零八十億基礎建設投資最終只有四個計畫獲得通過，迫使杜特蒂政府得不斷調整預計在任內完工的基礎建設，塞進一些其他較有希望的固有或小型計畫以充數，並努力向中國以外的國內外金主籌錢。而獲得加速通過執行的卡里瓦水庫（Kaliwa Dam）、契科河（Chico River）灌溉計畫也被指控刻意規避社會、環保法規，只因為杜特蒂及其盟友需拿出成果向菲律賓選民交代。在杜特蒂任內展開的十四個中菲合作基礎建設案當中，有三個預計在杜特蒂二〇二二年卸任前完成，而其他八個預計於二〇二三年完工——根據菲律賓政府說法，這緩慢、延宕的進度肇因於中方調整內部組織、全球疫情所帶來的影響。

在其他面向上，中國來菲觀光客數量也增加了，但增幅並沒有與中國民眾整體赴國外旅遊的熱潮趨勢有明顯差異，而韓國至今仍穩居菲律賓最大觀光客來源國。面對全球疫情的侵襲，儘管中國是第一個捐贈COVID-19疫苗給菲律賓的國家，但目前對菲最大疫苗捐贈國仍是美國，最大單筆疫苗捐贈也來自美國——二〇二一年七月，白宮所捐贈的三百二十萬劑強生（Johnson & Johnson）疫苗抵達菲律賓，隔月美國又透過疫苗全球取得機制（COVAX）捐給菲律賓三百萬劑莫德納（Moderna）疫苗。日本也於該年七月時捐贈了一百一十二萬劑阿斯特捷利康（AstraZeneca）疫苗給菲律賓。

目前看來，杜特蒂刻意為之的對中政策只達成了外實內虛的結果。在經濟方面，如上述所示，兩國合作達成的實質成果遠遠不如一開始宣稱的那麼宏大；在軍事方面，雖然南海衝突並未再劇烈擴大，但中國仍不斷在該海域建造人工島嶼，持續部屬大量船隻，而杜特蒂卻愛莫能助，只是繼續維持南海仲裁結果無用的論述，而且失敗主義式地表示，如果菲律賓選擇與中國開戰，那將是一場「屠殺」，並說菲律賓「現在還不是有能力和對方抗衡的對手」。根據菲律賓總統府的說法，杜特蒂政府的立場仍是希望擱置南海主權的爭議，專注於能有所作為的投資與貿易機會上——可以看出當今菲律賓政府對於「避戰趨利」有著強烈的執著，儘管辛苦守住中國的南海進逼底線，仍不希望激怒中國，或顯露他們致力和美國維持一定程度的安全關係以自保。

在杜特蒂原先積極推動的俄菲關係方面，顯然是「雷聲大雨點小」。其任內起初有杜特蒂訪問俄國、俄國捐贈軍事物資、俄國軍艦來訪等，但後續的進展虎頭蛇尾，至今俄國在成為菲律賓重要外交、經貿與國防夥伴還有一段非常遙遠的距離，連菲律賓前二十大貿易夥伴都排不上，雙方有限的合作進展大體出現在安全方面。

與此相較，即使沒有杜特蒂大張旗鼓的宣傳，一些與菲律賓傳統上友好的國家仍維持了雙方密切的經濟關係。美國與菲律賓在國防上合作密切，至今仍是菲律賓重要的貿易夥伴與投資來源國，長期是菲律賓排名一、二名的出口市場；而低調的日本也持續扮演菲律賓第二大貿易夥伴國及最大援助國，光是二〇二〇年就提供菲律賓高達一百一十一億美金的援助（含贈與和貸款），占菲律賓所獲援助百分之三十六．四；相形之下，中國在二〇二〇年僅提供菲律賓六．二億美金的援助。

總體而言，若下任總統希望扭轉杜特蒂的對外關係，應該不會有太大困難，因為無論杜特蒂有多大渴望與憤恨，這些年來菲律賓根本的對外外交、經貿與國防結構並未發生翻天覆地的變化，頂多是外國媒體對於杜特蒂的爭議言論，及其多項未竟全功、未能堅持推動到底的政策方向有較多的報導。

在對外關係方面，菲律賓從底層上來說仍是昔日那個菲律賓，若新總統希望維持杜特蒂親中路線，在此中美新冷戰持續升溫的地緣政治局勢下，恐怕將顯得日益窘困。畢竟與中國有南海主權爭議的是菲律賓，民調結果信任美國遠多於中國的也是菲律賓，杜特蒂仰仗其個人獨特的高支持率才能通過這些結構性限制，而未被反噬。新一任總統是否具有這些特質與偏好，現階段來看很難說得準。

蕭規曹隨、未竟人意的經濟政策

杜特蒂任內的經濟政策路線與極力挑戰傳統的外交政策迥然不同，顯得「正常」許多，大體繼承艾奎諾的自由化路線，其政府特別著墨之處僅在稅務改革及基礎建設投資，現階段整體的成績可說是毀譽參半。

杜特蒂繼承艾奎諾任內強勁的經濟表現，自二〇一六年至二〇一九年每年都有破百分之六成長率的高標表現，但成長率卻是逐年微幅下降，從二〇一六年的高點百分之七．一下降至二〇一九年的百分之六．一。根據菲律賓政府說法，農業與製造部門成長趨緩及中國經濟成長降速都是主要因素，而國會在二〇一九年的預算審查延宕也影響了基礎建設的投資進度。在全球疫情爆發後，菲律賓採取嚴苛的封城、防疫措施也為國內經濟帶來巨大衝擊，導致其二〇二〇年經濟成長率為負百分之九．六，此差勁表現在東協區域僅優於緬甸。二〇一六至二〇二〇年這五年的菲律賓平均經濟成長表現，也是過去二十五年以來最差，其後的復甦也受限於國內外疫情的控制。與此相對的，菲律賓政府的債務因舉債推動基礎建設、疫情應對措施而顯著升高，雖然聲稱仍在可控範圍內，但目前已從疫情前二〇一九年約占國內生產毛額（GDP）的百分之三十一，大幅上升至二〇二〇年的百分之五十四．五，於二〇二一年時又再度上升至百分之六十．五。

既然杜特蒂政府已付出舉債的代價，外界自然也對其基礎建設的投資寄予厚望。然而，野心勃勃的杜特蒂雖透過政府、媒體鋪天蓋地的宣傳，讓他的「建設，建設，再建設」（Build, Build, Build）基礎建設大計在菲律賓民眾心目中有正面形象，但實際進度卻遠不如公開宣稱的那樣樂觀。杜特蒂政府在二〇一七至二〇一九年間達成了基礎建設支出年年占國內生產毛額百分之六的創舉，而這主要是依靠大大小小既有國內基礎建設的需求而推動，許多僅止於整修翻新而非全新建造，並不是政府早前賣力宣傳的大型旗艦計畫。杜特蒂就任時所規劃的七十五項基礎建設旗艦計畫名單，後來幾經大幅度調整增刪，如有幾項被認為太困難且昂貴的連結大橋計畫，或如杜特蒂政府不偏好的公車捷運系統（BRT）就被宣告放棄，諸多延宕自然導致目前政府手中一百一十九項旗艦計畫，現階段只完成九項。為填充政績，杜特蒂政府持續將幾項既有基礎建設計畫納入「建設，建設，再建設」的名單，並全力加速推動剩餘的計畫，於二〇二一年十二月時宣稱該年結束前再完成十四項、二〇二二年完成十七項，然而最終實際進度卻不為大眾所知。

不但杜特蒂的總體經濟表現未竟如人意，一般民眾的生活也難稱有大幅改善。菲律賓的貧窮率維持過去二十年來持續下降的趨勢，但占菲律賓國內生產毛額約三、四成的家庭最終消費支出不僅在疫情期間受挫，其實在疫情爆發前的成長率就已經開始逐年下降，逐漸從二〇一六年成長百分之七．一逐年微幅下降至二〇一九年的百分之五．八，顯見菲律賓家庭消費能量的成長受到侷限。至於杜特蒂政府推動、在二〇一七年十二月上路的稅務改革法案「加速和包容稅改革法案」（TRAIN），對簡化並提升稅收有長期助益，可以協助未來菲律賓包含基礎建設投資在內的各項支出，但其於二〇一八年的通貨膨脹陣痛，對一般菲律賓家庭消費日常生活所需產生負面的影響，而後年開始的疫情衝擊也讓菲律賓的失業人口從二〇一九年的二百二十六萬人，一路上衝至二〇二〇年的四百五十二萬人。

展望菲律賓二〇二二年的大選

儘管有上述內外爭議，杜特蒂在其任期過程中的民調表現始終維持高檔。無論是殘酷的毒品戰爭、令人質疑的威權政治、或外交與經貿的表現都不如預期，杜特蒂支持者仍堅持力挺，而一般民眾也願意持續給予肯定。在疫情爆發後的二〇二〇年十一月，「社會氣象站」記錄了杜特蒂創下本人紀錄百分之八十四的滿意度，即使到了菲律賓疫情持續升溫的二〇二一年，杜特蒂在五月與六月民調中仍保持了百分之七十五的滿意度。相形之下，包括自由黨在內的在野勢力就落寞許多，在野勢力所組成的「八全勝」（Otso Diretso）聯盟不但在二〇一九年期中選舉大敗，甚至推出的參議員候選人無一當選，創下難堪的歷史紀錄——從美國殖民以來，菲律賓在野陣營首度未在國會選舉中拿下任一席次。

因此當杜特蒂帶著高民調步向任期的尾聲，許多人開始討論下一任菲律賓總統是誰，而成為前總統的杜特蒂又將在菲律賓政壇承擔什麼角色。其實甚至早在他就任沒多久，媒體就已經開始討論年邁的杜特蒂若提早卸任，未來的接班人有哪些人選。

在過去幾年中，杜特蒂自己或身邊的人都曾或明或暗地提出可能的繼承人，如已經籌組政黨參與過二〇一九年期中選舉的女兒、達沃市市長莎拉．杜特蒂，早已嶄露野心的她被認定在二〇二二年大選中扮演重要角色，但她起初表示自己的目標在競選連任達沃市市長，後來在二〇二一年十一月才宣布參選副總統一職。莎拉的總統候選人搭檔，則是更早即宣布參選的獨裁者之子、前參議員小馬可仕。

這個政治家族組合，是各種權力角逐與妥協下的產物。杜特蒂應該是有女兒搭檔自身盟友繼承自己的勢力的規劃，甚至還直接在二〇二一年十月宣布退出政壇。然而，後來杜特蒂不滿女兒只登記參選副總統，禮讓了小馬可仕挑戰總統大位的機會，他曾一度準備拉著多年親信、參議員克里斯多福・吳（Christopher Bong Go）搭檔競選，由吳擔任總統候選人、杜特蒂擔綱副總統候選人（後來登記競選參議員），不過最終還是妥協了，不但讓吳退出競選總統，自己也退選參議員。

杜特蒂與馬可仕兩家的政治合作，因此變得更加緊密了。兩人都宣稱將持續杜特蒂的各項成功政策，而在選前民調方面，小馬可仕與莎拉分別持續保有相當大的領先差距，當選機率不小。

在競選的反對派政治人物這邊，問題則相當棘手。就菲律賓民意趨勢來看，於競選時完全反對杜特蒂政治遺產，顯然不會太吃香，畢竟現有明確支持反杜特蒂陣營的民眾至多也只有約兩成左右，因此如何打一場可區別於親杜特蒂候選人的選戰、但同時又避免所傳達訊息無法擴大支持基礎，成為所有欲挑戰大位的反對派政治人物的兩難。然而當所有的反對派無法團結在同一候選人旗下時，要打贏小馬可仕與莎拉就將變得更困難，甚至是不可能，而這正是反對派當前的困局。廣義的反對派總統候選人，目前有副總統萊妮・羅布雷多、馬尼拉市長伊斯科・莫雷諾（Isko Moreno）與參議員、菲律賓拳王曼尼・帕奎奧（Manny Pacquiao）。

長期被許多人視為反對派共主的副總統萊妮・羅布雷多於二〇二一年十月初宣布參選總統，她將此選舉視為堅持價值、贏回菲律賓的關鍵戰役。

在底層長大、曾為電影明星的馬尼拉市長莫雷諾則自稱作為「中立」候選人參選大位。他表示，將延續杜特蒂政府的反毒品行動，但將去除法外處決等違反法律與人權的部分。

儘管羅布雷多與莫雷諾各有其忠實支持者，雙方的民調支持率始終在百分之十幾至二十間徘徊。與杜特蒂交惡、於執政黨內另立派系的帕奎奧，則在批評現任政府的貪腐與中國政策後，被其派系提名為總統候選人。他當時也公開宣布自拳壇退休。儘管帕奎奧起初聲勢不小，民調卻每況愈下、支持率表現甚至不若莫雷諾與羅布雷多。

總體而言，面對杜特蒂巨大的政治遺產，與不少菲律賓選民對馬可仕時期的眷念，反對派勢正打著一場艱辛的選戰。現在的菲律賓已不再是那甫從威權脫離、非常心繫民主政治的昔日國度菲律賓，自由民主信念、所有的救國理想都都必須要全力以赴爭取，得想方設法拉攏更多民眾的認同與支持。

二〇二二年這場大選將會是菲律賓未來的關鍵戰，這次菲律賓的人民會做出什麼選擇？全世界都正屏息以待。

後記

二〇一八年十一月，我因工作關係前往菲律賓參加工作坊，期間第一次見到了本書提及的著名歷史學者——菲律賓大學歷史系退休教授瑪麗絲．鳩克諾（Maris Diokno）。瑪麗絲本人堅毅但親切，對民主、進步價值的堅持也令人印象深刻，無愧其家族對菲律賓政治的長期貢獻——瑪麗絲的祖父及父親曾任菲律賓參議員等職，弟弟則是著名人權律師，家族三代的故事與見聞，基本上就是菲律賓二十世紀至今的歷史。

二〇一六年十一月杜特蒂將馬可仕遺體入葬英雄墓園後，當月瑪麗絲宣布辭去菲律賓國家歷史委員會主席一職以示抗議。她表示，儘管原先希望在國家歷史委員會繼續和杜特蒂政府的歷史修正主義奮鬥，現在年輕族群的出聲及行動讓她產生信心，即使離開現職，大家也有機會一同捍衛真正的歷史。在離任後，瑪麗絲頻繁出席各公眾運動，持續抗議對杜特蒂政府為馬可仕統治妝點抹粉。

瑪麗絲反對馬可仕的威權統治，有其學術研究上的因素，她小時候亦親身見證威權統治的模樣。在一九七二年馬可仕宣布全國戒嚴後，她的父親、時任參議員的約瑟．鳩克諾（Jose Diokno）即被逮捕和拘禁長達兩年，在全國性政治人物中的「待遇」僅次於一九八三年遭暗殺的反對派領袖艾奎諾。

菲律賓大學內抗議馬可仕遺體入葬英雄墓園的看板。（作者攝）

約瑟・鳩克諾在馬可仕時期的抗議集會中演講。

約瑟入獄那一年，瑪麗絲時年十八歲。

在馬可仕戒嚴之前，約瑟．鳩克諾即以其鮮明的反美經濟國族主義立場為菲律賓社會所熟知，他在一九六二年擔任菲律賓司法部長時，就因為積極調查涉嫌逃稅、賄賂官員的美籍商人而被馬嘉柏皋總統開除。後來約瑟在一九六三年代表國民黨競選參議員成功，任內積極立法推動菲律賓產業的振興及貿易的保護，因此被視為進步派政治人物。在馬可仕宣布戒嚴前的一九七〇年代初期，約瑟便常公開批判馬可仕政府的威權化趨勢，也組織過多場抗議馬可仕的示威遊行。

約瑟被拘禁兩年後，在一九七四年被釋放。離開牢獄後，約瑟並未放棄反抗，和夥伴組織人權律師團體「免費法律扶助團」（Free Legal Assistance Group），協助戒嚴統治受害者爭取權益，也積極記錄威權統治下各類人權侵害。「免費法律扶助團」從旁對原先否認國內有政治犯的馬可仕施壓，使其在國際壓力下承認政治犯的存在，對一九七七年馬可仕釋放超過三千名政治犯卓有貢獻。

除了這外界所熟知的人權律師形象，約瑟參與反馬可仕運動的程度比一般人想像的深刻許多，他也和菲律賓共產黨保持曖昧的關係。儘管約瑟反美但不支持武裝革命的信念，和共產黨路線不完全對盤，但後者仍因約瑟出色的領導力及運動表現而積極與其接觸。共產黨開始和約瑟等合作組織群眾活動，發展出由共產黨透過側翼組織動員群眾、約瑟等反對派政治人物領導及公開發言的模式，並積極確保約瑟等會繼續抵制馬可仕政府辦理的選舉，認為這是朝最終革命成功邁出重要的一步。

在馬可仕威權統治最嚴酷的時期，反對派政治人物大都恪遵集體抵制選舉的行動，但菲律賓共產黨與約瑟間的合作關係，卻因前者執著武裝推翻馬可仕而產生裂痕。其後約瑟更因日益不滿領導權遭

乙沙大道與人民力量紀念碑。（作者攝）

奪取，而不再與共產黨的合作，許多反對派政治人物也因類似的原因，如不滿共產黨的強勢領導與主張而退出合作。儘管後來約瑟仍與共產黨保持聯繫，但雙方理念的分歧始終未消失。

在一九八〇年代中期，馬可仕威權統治逐漸鬆動時，反對派陣營積極參與選舉，正式和共產黨堅持抵制的路線分道揚鑣。約瑟對其他反對派政治人物希望以選舉拉下馬可仕的規劃有些遲疑，對民主化後的菲律賓也有著些微不同的想像。他希望美國基地撤出菲律賓、外債被免除，並推動全面社會經濟改革，主張和其他拉攏美國支持的反對派政治人物有所差異。雖然約瑟仍希望與共產黨保持一定程度合作，甚至在馬可仕下台後拉共產黨入聯合政府，但此時期共產黨仍偏重武裝革命，合作的期望終究化為幻影。

在反對陣營挑戰馬可仕的道路上，約瑟最終選擇支持艾奎諾的遺孀柯拉蓉成為反對派一九八六年總統大選的候選人。當時約瑟也是陣營內熱門人選，但他選擇讓賢，他認定柯拉蓉代表的是一種清新的「新政治」，而且其地主家族出身，應該會有強大組織、資金在背後支持。約瑟也自認反美色彩恐難獲美國支持，若成為候選人會不利於反對陣營大業。

在一九八六年「人民力量革命」啟動民主化後，柯拉蓉總統任命長期和軍方抗衡的約瑟為菲律賓總統府人權委員會（Presidential Committee on Human Rights）主席，讓菲律賓軍方在威權時期涉嫌侵害人權的將官深感警戒。約瑟同時參與起草一九八七年新憲法中社會經濟的部分條文，並擔負和軍方游離勢力、共產黨勢力等談判、及協助國家渡過轉型階段的重責。然而，在一九八七年一月二十二日發生軍警開槍導致多名農民抗爭者死亡的「曼迪歐拉大屠殺」（Mendiola Massacre）事件後，約瑟因深感悲痛而辭去政府職位。瑪麗絲曾在受訪時表示，「這是家人唯一一次看見他幾乎落淚的模樣。」僅僅一個多月後，二月二十七日約瑟即因長期肺癌去世，死後被追贈菲律賓國家最高榮譽之一的拉坎杜拉勳章（Order of Lakandula），政府也將二月二十七日訂為紀念日。

雖然約瑟的政治思想、在戒嚴時期的各種判斷，不見得被所有的人認同，但應該沒有人會懷疑他是一位愛國者、是一位打從心底關心民主與人權的菲律賓人。大時代下有心人未必能匯於一處，但很可能在各個崗位上分頭努力；而約瑟作為這樣一位通過時代考驗的人，相信未來仍將有許多菲律賓人視其為道德標竿，從他的故事獲取面對菲律賓社會各種挑戰的勇氣與啟發。

一九八二年，約瑟與英國廣播公司（ＢＢＣ）合作製作關於菲律賓戒嚴的紀錄片《唱我們自己的歌》，此舉令馬可仕為之大怒，並試圖威脅英國駐菲律賓使館設法禁播該紀錄片，所幸被英方斷然拒絕。在這部紀錄片片尾，約瑟表情莊嚴地直視攝影機，說出了以下名留青史的動人言詞：

「從目前看來，我們國家的人民好似永遠不可能逃脫眼前的困境。但我們會的。我熟知我國家的人民，即使必須通過血腥與火燒的考驗，我們也將重獲自由。我們將發展。我們將建設自己的社會。我們將會唱自己的歌。」

面對菲律賓現在與未來可能的威權挑戰，哪怕前面的路有多坎坷，但還是有眾多菲律賓人和鳩克諾家族一樣，繼續堅持著，拒絕重蹈覆轍，拒絕遺忘（Never Again, Never Forget）。一海之隔的台灣人啊，若有一天腳下土地面臨類似的時代劇變，你們又會選擇站在什麼位置？

大事年表

一五二一年　麥哲倫探險隊抵達菲律賓群島，於麥克坦戰役（Battle of Mactan）遭本地人擊敗，麥哲倫本人也喪命。

一五六五年　西班牙進軍菲律賓群島中部的宿霧，建立在菲律賓群島的第一個永久根據地。

一五七〇年　西班牙打敗當地統治者、侵占馬尼拉，並宣告當地為西班牙殖民地首府。

一五七四年　中國的林鳳海盜集團入侵菲律賓呂宋島，在馬尼拉遭西班牙人擊退。

一七五六年　「七年戰爭」爆發，英國占領馬尼拉兩年，菲律賓開始加速向外開放貿易。

一八一五年　航行於馬尼拉和墨西哥間的「馬尼拉大帆船」（Galeón de Manila）貿易停運。

一八九六年　安德烈・滂尼發秀（Andrés Bonifacio）等成立「卡蒂普南」（Katipunan），向西班殖民者發起武裝革命、爭取獨立。

一八九八年　菲律賓革命者宣告獨立，隔年初正式成立「菲律賓共和國」（República Filipina），由埃米利奧・阿奎納多（Emilio Aguinaldo）擔任首任總統。

一八九九年　美菲戰爭全面爆發，美國國會通過美西雙方簽訂的〈巴黎條約〉，西班牙割讓菲律賓群島主權給美國。

一九〇一年　阿奎納多被俘投降，隔年美菲戰爭結束，菲律賓確定成為美國殖民地。

一九〇七年　菲律賓首度舉辦全群島選舉，選出菲律賓議會（Philippine Assembly）成員。

一九一六年　美國通過〈瓊斯法案〉（Jones Act），擴大菲律賓人自治權，其中載有美國承諾給予菲律賓獨立的聲明。

一九三五年　美國通過〈泰丁斯—麥克杜飛法案〉（Tydings–McDuffie Act），成立「菲律賓自由邦」（Commonwealth of the Philippines），首任總統為曼紐・奎松（Manuel Quezon），菲律賓開始為期十年的獨立準備期。

一九四一年　日軍占領菲律賓群島，菲律賓自由邦政府避難美國。

一九四四年　盟軍開始反攻菲律賓群島，隔年初奪回馬尼拉。

一九四五年　德國與日本無條件投降，二次世界大戰結束。

一九四六年　菲律賓通過美方制定的《菲律賓貿易法》（Philippines Trade Act），菲律賓共和國成立，菲律賓脫離殖民地地位。

一九四七年　美菲簽訂〈軍事基地協議〉（Military Bases Agreement），美國得繼續在菲駐軍。

一九五一年　〈美菲共同防禦條約〉簽訂，隔年正式生效，成為兩國軍事合作基礎。

一九五四年　領導人路易斯・塔魯克（Luis Taruc）投降，虎克軍反叛大體告終。

一九六五年　費迪南德・馬可仕（Ferdinand Marcos）首度當選菲律賓總統。

一九六八年　西松（Jose Sison）成立毛派的新菲共（Communist Party of the Philippines）。

一九六九年　馬可仕於選舉舞弊爭議中開始總統的第二任期。

一九七〇年　菲律賓「首季風暴」（First Quarter Storm）爆發，學生、社運組織等連番上街向政府抗爭，社會動盪。

一九七二年　馬可仕宣布戒嚴，開始施行全面威權統治。

一九八一年　馬可仕在多方壓力下宣布解嚴，不過仍手握權力、居總統大位。

一九八三年　反對派領袖艾奎諾（Benigno Aquino Jr.）返國時於馬尼拉國際機場遭當眾暗殺，引發國內外批判。

一九八六年　在總統大選爆發選舉舞弊後，馬可仕宣布自己當選，民眾發起「人民力量」（People Power）革命，馬可仕出逃美國夏威夷；柯拉蓉・艾奎諾（Corazon Aquino）繼任總統，民主化啟動，隔年通過新憲法。

一九九一年　菲律賓審查延續美菲〈軍事基地協議〉未通過，美國陸續把克拉克空軍基地（Clark Air Base）、蘇比克灣海軍基地（Naval Base Subic Bay）歸還給菲律賓政府。

二〇〇一年　醜聞纏身的埃斯特拉達（Joseph Estrada）總統迫於第二人民力量革命（Second People Power Revolution），黯然辭職下台，艾若育（Gloria Macapagal Arroyo）繼任。

二〇一〇年　柯拉蓉之子、參議員艾奎諾（Benigno Aquino III）當選總統。

二〇一三年　菲律賓提出南海仲裁案，中菲關係持續惡化，隔年美菲簽署〈加強防務合作協議〉

（Enhanced Defense Cooperation Agreement），擴大軍事合作。

二〇一六年　達沃市市長杜特蒂（Rodrigo Duterte）當選總統，爭議性的反毒戰爭開始；同年南海仲裁庭作出裁定，菲方獲得正面成果。

二〇一七年　恐怖組織和菲律賓軍警於馬拉韋市（Marawi）爆發武裝衝突，杜特蒂宣布菲律賓第二大島民答那峨島（Mindanao）進入戒嚴狀態，狀態持續長達兩年多才終止。

二〇二〇年　全球疫情大爆發，菲律賓於該年中止連續多年的經濟正成長。

參考書目

一、中文

江懷哲（二〇一七年十二月二十七日）。〈菲律賓的「酋長式民主」：政黨輪替？還是政治世家們「群雄割據、代代相傳」的權貴遊戲？〉。《換日線》。網址：https://crossing.cw.com.tw/article/9163

何則文、江懷哲、李明勳等（二〇一九）。《用地圖看懂東南亞經濟》。台北市：商周。

陳鴻瑜（二〇一七）。菲律賓史：東西文明交會的島國（增訂三版）。台北市：三民書局。

江懷哲（二〇一七年三月二十二日）。〈血淚與背叛：被美國扼殺的菲律賓獨立夢〉。《轉角國際》。網址：https://global.udn.com/global_vision/story/8663/2346657

江懷哲（二〇一六年九月二十一日）。〈杜特地崛起、中產倒戈，與EDSA集團的式微〉。《端傳媒》。網址：https://theinitium.com/article/20160921-opinion-rodrigoduterte/

江懷哲（二〇二一年六月二十八日）。〈艾奎諾早逝，迷途的菲律賓自由主義陣營何去何從？〉。《端傳媒》。網址：https://theinitium.com/article/20210628-opinion-aquino-former-philippines-president-dies/

江懷哲（二〇一七年三月二十三日）。〈被製造的毒品危機，徬徨尋岸的菲律賓中產〉。《端傳媒》。網址：https://theinitium.com/article/20170323-opinion-rodrigoduterte/

江懷哲（二〇一七年八月二十二日）。〈無辜高中生的屍體，杜特地毒品戰爭碰壁？〉。《端傳媒》。網址：https://theinitium.com/article/20170822-opinion-rodrigoduterte/

江懷哲（二〇一七年五月二十五日）。〈恐怖組織逆襲，菲律賓重返戒嚴〉。《轉角國際》。網址：https://global.udn.com/global_vision/story/8663/2484722

江懷哲（二〇一六年十月二十一日）。〈杜習會成功，菲律賓親中已成定局？〉。《端傳媒》。網址：https://theinitium.com/article/20161021-opinion-rodrigoduterte/

李宗憲（二〇一九年二月十九日）。〈菲律賓「最危險」的女人瑞薩被抓和持續受制的東南亞新聞自由〉。《BBC中文網》。網址：https://www.bbc.com/zhongwen/trad/world-47277472

陳妍君（二〇二一年八月二十七日）。〈髮夾彎鼓勵長灘島蓋賭場 杜特蒂：政府沒錢了〉。《中央社》。網址：https://www.cna.com.tw/news/aopl/202108270349.aspx

轉角國際（2018年4月5日）。〈長灘島封鎖令：嚴懲觀光汙染？杜特蒂下令「封島半年」〉。《轉角國際》。網址：https://global.udn.com/global_vision/story/8662/3070654

二、英文

第一部：製造菲律賓

西班牙人形塑的群島共同體

Ablinales, Patricio N. & Amoroso, Donna J. *State and Society in the Philippines.* New York: Rowman & Littlefield, 2005.

Ablinales, Patricio N. *Images of State Power: Essays on Philippine Politics from the Margins.* Manila: University of the Philippines Press, 1998.

Aguilar Jr., Filomeno V. *Migration Revolution: Philippine Nationhood and Class Relations in a Globalized Age.* Manila: Ateneo de Manila University Press, 2014.

Anderson, Benedict. *The Spectre of Comparisons: Nationalism, Southeast Asia, and the World.* New York: Verso, 1998.

Anderson, Benedict. *Under Three Flags: Anarchism and the Anti-Colonial Imagination.* New York: Verso, 2007.

Chia, Lucille. "The Butcher, the Baker, and the Carpenter: Chinese Sojourners in the Spanish Philippines and Their Impact on Southern Fujian (Sixteenth-Eighteenth Centuries)." *Journal of the Economic and Social History of the Orient,* 49: 4 (2006). 509-534.

Crewe, Ryan Dominic. "Pacific Purgatory: Spanish Dominicans, Chinese Sangleys, and the Entanglement of Mission and Commerce in Manila, 1580-1620." *Journal of Early Modern History,* 19: 4 (2011). 37-365.

De la Fuente. Alejandro, *Havana and the Atlantic in the Sixteenth Century.* Chapel Hill: The University of North Carolina Press, 2011.

Francia, Luis H. *History of the Philippines: From Indios Bravos to Filipinos.* New York: Harry N. Abrams, 2013.

Flynn, D.O., Giraldez A. "Born with a Silver Spoon: The Origin of World Trade in 1571." *Journal of World History,* 6: 2 (1995). 201-221.

Flynn, Dennis O., Giraldez, Arturo. "Silk for Silver: Manila-Macao Trade in the 17th Century." *Philippine Studies,* 44: 1 (1996). 52-68.

Garcia, Guadalupe. *Beyond the Walled City: Colonial Exclusion in Havana.* Oakland: University of California Press, 2015.

Guerrero, Milagros C. et al. *Probing Philippine-Spanish Connections in History: Selected Papers.* Manila: National Historical Commission of the Philippines, 2012.

Hawkley, Ethan P. "Reviving the Renconquista in Southeast Asia: Moros and the Making of the Philippines, 1565-1662." *Journal of World History,* 25: 2-3 (2014). 285-310.

Hofilena Jr., Saul. *Under the Stacks.* Manila: Baybayin Publishing, 2011.

Hutchcroft, Paul. et al. *Mindanao: The Long Journey To Peace And Prosperity.* Singapore: World Scientific Publishing, 2018.

Ileto, Reynaldo C. *Pasyon and Revolution: Popular Movements in the Philippines, 1840-1910.* Manila: Ateneo de Manila University Press, 1997.

Ileto, Reynaldo C. "The 'Unfinished Revolution' in Philippine Political Discourse." *Southeast Asia Studies,* 31: 1 (1993).

62-82.Laccarino, Ubaldo. "The 'Galleon System' and Chinese Trade in Manila at the Turn of the 16th Century." *Ming Qing Yanjiu*, 16: 1 (2011). 95-128.

Leibsohn, Dana. "Dentro y fuera de los muros: Manila, Ethnicity, and Colonial Cartography." *Ethnohistory*, 61: 2 (2014). 229-251.

Legarda, Benito J. *After the Galleons: Foreign Trade, Economic Change & Entrepreneurship in the Nineteenth Century Philippines.* Manila: Ateneo de Manila University Press, 1999.

Mawson, Stephanie J. "Convicts or Conquistadores? Spanish Soldiers in the Seventeenth-Century Pacific." *Past & Present*, 232: 1 (2016). 87-125.

O'Flanagan, Patrick. *Port Cities of Atlantic Iberia, c. 1500–1900.* London: Routledge, 2008.

Ollé, Manel. "The Straits of the Philippine Islands in Spanish Sources (Sixteenth and Early Seventeenth Centuries)." *Journal of Asian History*, 46: 2 (2012). 81-192.

Osorio, A. *Inventing Lima: Baroque Modernity in Peru's South Sea Metropolis.* London: Palgrave Macmillan, 2008.

Rafael, Vicente. *Motherless Tongues: The Insurgency of Language and Wars of Translation.* Durham: Duke University Press, 2016.

Reed, Robert. *Colonial Manila: The Context of Hispanic Urbanism and Process of Morphogenesis.* Oakland: University of California Press, 1978.

Reed, Robert. *Hispanic Urbanism in the Philippines: A Study of the Impact of Church and State* .Manila: University of Manila, 1967.

Reed, Robert. "The Colonial Origins of Manila and Batavia: Desultory Notes on Nascent Metropolitan Primacy and Urban

Systems in Southeast Asia." *Asian Studies,* 53:3(1967), 543-562.

Reed, Robert. "The Primate City in Southeast Asia: Conceptual Definitions and Colonial Origins." *Asian Studies,* 10:3(1972). 283-320.

Reid, Anthony. *Southeast Asia in the Age of Commerce, 1450-1680: Volume 1: The Lands below the Winds.* New Haven: Yale University Press, 1988.

Reid, Anthony. *Southeast Asia in the Age of Commerce, 1450-1680: Volume 2, Expansion and Crisis.* New Haven: Yale University Press, 1995.

Reyes, R.A.G. "Flaunting It: How the Galleon Trade Made Manila, circa 1571-1800." *Early American Studies,* 15:4(2017). 683-713.

Scott, William H. *Barangay: Sixteenth-Century Philippine Culture and Society.* Manila: Ateneo de Manila University Press, 1997.

Tremml-Werner, Birgit. 'Communication Challenges in Triangular Relations in the China Seas: A Survey of Early Modern 'Manila Linguists." from Schottenhammer, Angela ed., Tribute, Trade and Smuggling: Commercial, Scientific and Human Interaction in the Middle Period and Early Modern World. Wiesbaden: Harrassowitz, 2014.

Tremml-Werner, Birgit. "Friend or Foe? Intercultural Diplomacy between Momoyama Japan and the Spanish Philippines in the 1590s." from Andrade, Tonio; Hang, Xing ed., Sea Rovers, Silver, and Samurai: Maritime East Asia in Global History, 1550–1700. Honolulu: University of Hawai'i Press, 2016.

Tremml-Werner, Birgit. *Spain, China and Japan in Manila, 1571-1644: Local Comparisons and Global Connections.* Amsterdam:

Amsterdam University Press, 2015.

Treml-Werner, Birgit M. "The Global and the Local: Problematic Dynamics of the Triangular Trade in Early Modern Manila." *Journal of World History*, 23:3(2012). 555-586.

美國殖民統治的矛盾遺產

Ablinales, Patricio N. & Amoroso. Donna J. *State and Society in the Philippines.* New York: Rowman & Littlefield, 2005.

Ablinales, Patricio N. *Images of State Power: Essays on Philippine Politics from the Margins.* Manila: University of the Philippines Press, 1998.

Anderson, Benedict. *The Spectre of Comparisons: Nationalism, Southeast Asia, and the World.* New York: Verso, 1998.

Anderson, Benedict. *Under Three Flags: Anarchism and the Anti-Colonial Imagination.* New York: Verso, 2007.

Claudio, Lisandro E. *Liberalism and the Postcolony: Thinking the State in 20th-Century Philippines.* Singapore: National University of Singapore Press, 2017.

Francia, Luis H. *History of the Philippines: From Indios Bravos to Filipinos.*New York: Harry N. Abrams, 2013.

Golay, Frank. *Face of Empire: United States-Philippine Relations, 1898-1946.* Manila: Ateneo de Manila University Press, 2010.

Hofilena Jr., Saul. *Under the Stacks.* Manila: Baybayin Publishing, 2011.

Hutchcroft, Paul. et al. *Mindanao: The Long Journey To Peace And Prosperity.* Singapore: World Scientific Publishing, 2018.

Ileto, Reynaldo C. *Pasyon and Revolution: Popular Movements in the Philippines, 1840-1910.*Manila: Ateneo de Manila University

Press, 1997.

Ileto, Reynaldo C. "The 'Unfinished Revolution' in Philippine Political Discourse." *Southeast Asia Studies,* 31:1(1993). 62-82.

Iyer, Lakshmi, Maurer, Noel. 2009. "*The Cost of Property Rights: Establishing Institutions on the Philippine Frontier under American Rule, 1898-1918.*" Harvard Business School BGIE Unit Working Paper 09-023.

Joaquín, Nick. *A Question of Heroes.* Manila: Anvil, 2004.

Kramer, Paul A. *The Blood of Government: Race, Empire, the United States, and the Philippines.* Chapel Hill: University of North Carolina Press, 2006.

Nagano, Yoshiko. *State and Finance in the Philippines, 1898-1941: The Mismanagement of an American Colony.*Singapore: National University of Singapore Press, 2016.

Pante, Michael D. "Quezon's City: Corruption and contradiction in Manila's prewar suburbia, 1935–1941." *Journal of Southeast Asian Studies,* 48:1(2017). 91-112.

Paredes, Ruby R., Cullinane, Michael, McCoy, Alfred. et al. *Philippine Colonial Democracy.*New Haven: Yale University Press, 1988.

Quezon, Manuel L. "Speech of President Quezon on Civil Liberties, December 9, 1939." Delivered on the occasion of the interuniversity oratorical contest held under the auspices of the Civil Liberties Union at the Ateneo Auditorium, Manila, 9 December 1939, Civil Liberties Union. Speech.

Rafael, Vicente. *Motherless Tongues: The Insurgency of Language and Wars of Translation.*Durham: Duke University Press, 2016.

Sicat, Gerardo P. (2019, September 21). Colonial Economic and Social Development, 1898-1941. *Philippine Star*. https://www.philstar.com/business/2019/09/11/1950739/colonial-economic-and-social-development-1898-1941

Takagi, Yusuke. *Central Banking as State Building: Policymakers and Their Nationalism in the Philippines, 1933-1964*. Singapore: National University of Singapore Press, 2016.

The Philippines: Prelude to Dictatorship? (1940, September 2). *Times*. http://content.time.com/time/subscriber/article/0,33009,764524-1,00.html.

Twain, Mark. *Mark Twain's Weapons of Satire : Anti-Imperialist Writings on the Philippine-American War.* New York: Syracuse University Press, 1992.

第二部：打造共和國

新生共和國的奮起與墮落

Ablinales, Patricio N. & Amoroso. Donna J. *State and Society in the Philippines.*New York: Rowman & Littlefield, 2005.

Ablinales, Patricio N. *Images of State Power: Essays on Philippine Politics from the Margins.*Manila: University of the Philippines Press, 1998.

Anderson, Benedict. *The Spectre of Comparisons: Nationalism, Southeast Asia, and the World.*New York: Verso, 1998.

Claudio, Lisandro E. *Liberalism and the Postcolony: Thinking the State in 20th-Century Philippines.*Singapore: National University of

Singapore Press, 2017.

Francia, Luis H. *History of the Philippines: From Indios Bravos to Filipinos.*New York: Harry N. Abrams, 2013.

Fuller, Ken. *A Movement Divided: Philippine Communism, 1957-1986.* Manila: The University of the Philippines Press, 2011.

Golay, Frank. *Face of Empire: United States-Philippine Relations, 1898-1946.* Manila: Ateneo de Manila University Press, 2010.

Hutchcroft, Paul. et al. *Mindanao: The Long Journey To Peace And Prosperity.* Singapore: World Scientific Publishing, 2018.

Kerkvliet, Benedict J. *The Huk Rebellion: A Study of Peasant Revolt in the Philippines.* Marylandl: Rowman & Littlefield Publishers, 2002.

McCoy, Alfred. et al. *An Anarchy of Families: State and Family in the Philippines.* Madison: University of Wisconsin Press, 2009.

Philippine Official Gazette. (n.d.). *Declaration of Martial Law.* Retrieved from https://www.officialgazette.gov.ph/featured/declaration-of-martial-law/.

Rafael, Vicente. *White Love and Other Events in Filipino History.* Durham: Duke University Press, 2000.

Salice, Joseph. *Crisis of Revolutionary Leadership: Martial Law and the Communist Parties of the Philippines, 1957-1974,* PhD dissertation, University of California Berkeley. 2017.

Sicat, Gerardo P. (2019, March 13). Ramon Magsaysay – an unfulfilled presidency. *Philippine Star.* https://www.philstar.com/business/2019/03/13/1900893/ramon-magsaysay-unfulfilled-presidency

Sison, Jose M. *The Philippine Revolution: The Leader's View.* New York: Taylor & Francis, 1989.

Tadem, Teresa S. E. "Social Capital and the Martial Law Technocracy." *Kritika Kultura,* 20 (2013). 69-94.

Talabong, Rambo. (2016, June 25). Memorable quotes from past SONAs. *Rappler*. https://www.rappler.com/newsbreak/iq/memorable-quotes-past-state-of-the-nation-address.

Talabong, Rambo. (2016, June 30). Quotable quotes from inaugural speeches of PH presidents. *Rappler*. https://www.rappler.com/newsbreak/iq/notable-quotes-inaugural-speeches-philippine-presidents.

Talavera, Catherine. (2015, June 11). To be truly free: President Quirino's act of forgiveness. *The Manila Times*. https://www.manilatimes.net/2015/06/11/lifestyle-entertainment/life-times/to-be-truly-free-president-quirinos-act-of-forgiveness/191013

威權時代的複雜實象

Ablinales, Patricio N. & Amoroso. Donna J. *State and Society in the Philippines*. New York: Rowman & Littlefield, 2005.

Ablinales, Patricio N. *Images of State Power: Essays on Philippine Politics from the Margins*. Manila: University of the Philippines Press, 1998.

Anderson, Benedict. *The Spectre of Comparisons: Nationalism, Southeast Asia, and the World*.New York: Verso, 1998.

An Interview with Ferdinand Marcos. (1982, September 20). *Times*. http://content.time.com/time/subscriber/article/0,33009,950785-1,00.html.

Aquino Jr., Benigno S. *Testament from a Prison Cell*. Manila: Philippine Journal, 1989.

Claudio, Lisandro E. *Liberalism and the Postcolony: Thinking the State in 20th-Century Philippines*. Singapore: National University of

Singapore Press, 2017.

Claudio, Lisandro E. *Taming People's Power: The EDSA Revolutions and their Contradictions.*Manila: Ateneo de Manila University Press, 2014.

De Dios, Emmanuel S, Williamson, Jeffrey G. (2013) "*Deviant Behavior: A Century of Philippine Industrialization.*" UPSE Discussion Paper, No. 2013-03.

Editorial: Ninoy: 'No to tyranny! (2021, August 21). *Philippine Daily Inquirer*. https://opinion.inquirer.net/143321/ninoy-no-to-tyranny

Francia, Luis H. *History of the Philippines: From Indios Bravos to Filipinos*. New York: Harry N. Abrams, 2013).

Fuller, Ken *A Movement Divided: Philippine Communism, 1957-1986*. Manila: The University of the Philippines Press, 2011.

Grande, Gigi. (2017, February 20). Who was Primitivo Mijares? Gospel truths and urban legends. *ABS-CBN*. https://news.abs-cbn.com/focus/02/20/17/who-was-primitivo-mijares-gospel-truths-and-urban-legends.

Greatest robbery of a Government (accessed 2021, September 21). *Guinness World Records*. https://www.guinnessworldrecords.com/world-records/65607-greatest-robbery-of-a-government.

Guerrero, Amado. *Philippine Society and Revolution*. Hong Kong: Ta Kung Pao, 1971.

Hapal, Don Kevin. (2016, February 23). Worse than death: Torture methods during martial law. *Rappler*. https://www.rappler.com/nation/torture-martial-law-marcos-regime?fbclid=IwAR0BAzXmY1XEPCPPqqvLp3T3OQLfQdkmBiguUCL-7D90p_ImfRDQ1P-bh5o.

Hutchcroft, Paul. et al. *Mindanao: The Long Journey To Peace And Prosperity*. Singapore: World Scientific Publishing, 2018.

Marcos, Ferdinand E. *Notes on the New Society of the Philippines*. Manila: Marcos Foundation, 1973.

Marcos, Ferdinand E. "Remarks of President Marcos at the inauguration of the Philippine Columbian Association's New Clubhouse Complex." Inauguration of the Philippine Columbian Association's New Clubhouse Complex, 14 December 1979, Philippine Columbian Association. Remarks.

Marcos, Ferdinand E. *Revolution from the Center: How the Philippines is using Martial Law to build a New Society*. Manila: Raya Books, 1978.

Marcos, Ferdinand E. *The Democratic Revolution in the Philippines*. New Jersey: Prentice Hall International, 1979.

Martial Law Quotes: Sound Bites from a Tumultuous Era. (2012, September 22). *SPOT.ph*. https://www.spot.ph/newsfeatures/51955/martial-law-quotes.

McCoy, Alfred. et al. *An Anarchy of Families: State and Family in the Philippines*. Madison: University of Wisconsin Press, 2009.

Mijarers, Primitivo. *The Conjugal Dictatorship of Ferdinand and Imelda Marcos*. New York: Union Square Publications, 1976.

Overholt, William H. "The Rise and Fall of Ferdinand Marcos." *Asian Survey*, 26:11(1986). 1137-1163.

Philippine Official Gazette. (n.d.). *Declaration of Martial Law*. Retrieved from https://www.officialgazette.gov.ph/featured/declaration-of-martial-law/.

Reyes, R.A.G. (2016, April 12). 3,257: Fact checking the Marcos killings, 1975-1985. *The Manila Times*. https://www.manilatimes.net/2016/04/12/featured-columns/columnists/3257-fact-checking-the-marcoskillings-1975-1985/255735.

Robles, Raïssa. (2016, November 16). OPINION: Imee Marcos told US court – yes, Archimedes Trajano was tortured and killed but it's none of your business. *ABS-CBN*. https://news.abs-cbn.com/opinions/11/16/16/opinion-imee-marcos-told-us-court-yes-archimedes-trajano-was-tortured-and-killed-but-its-none-of-your-business.

Sachs, Jeffery et al. *Developing Country Debt and the World Economy*. Chicago: University of Chicago Press, 1989.

Salice, Joseph. *Crisis of Revolutionary Leadership: Martial Law and the Communist Parties of the Philippines, 1957-1974*, PhD dissertation, University of California Berkeley. 2017.

Sison, Jose M. *The Philippine Revolution: The Leader's View.* New York: Taylor & Francis, 1989.

Sison, Shakira. (2015, September 23). #NeverAgain: Martial Law stories young people need to hear. *Rappler*. https://www.rappler.com/voices/imho/martial-law-stories-hear?fbclid=IwAR15qSon8FeOXnJC8tnOzpdqtznWX6LTPylS4H3S_VTonTVb4hmmUYbqpWQ.

Tadem, Teresa S. E. "Social Capital and the Martial Law Technocracy." *Kritika Kultura*, 20 (2013). 69-94.

Talabong, Rambo. (2016, June 25). Memorable quotes from past SONAs. *Rappler*. https://www.rappler.com/newsbreak/iq/memorable-quotes-past-state-of-the-nation-address.

Talabong, Rambo. (2016, June 30). Quotable quotes from inaugural speeches of PH presidents. *Rappler*. https://www.rappler.com/newsbreak/iq/notable-quotes-inaugural-speeches-philippine-presidents.

Thompson, Mark R. *The Anti-Marcos Struggle: Personalistic Rule and Democratic Transition in the Philippines*. New Haven: Yale

University Press, 2011.

Zamora, Fe. (2017, February 19). Family secret: How Primitivo Mijares disappeared. *The Philippine Inquirer*. https://newsinfo.inquirer.net/872907/family-secret-how-primitivo-mijares-disappeared.

Zeug, Mark. "A Race with Catastrophe." *East West Center Magazine*, Fall 1974. 5-6.

民主化的期望與失望

Ablinales, Patricio N. & Amoroso, Donna J. *State and Society in the Philippines.* New York: Rowman & Littlefield, 2005.

Aglionby, John. (2006, March 23). Estrada takes stand to deny embezzling £45m while president of the Philippines. *The Guardian*. https://www.theguardian.com/world/2006/mar/23/philippines.

Aguilar Jr., Filomeno V. *Migration Revolution: Philippine Nationhood and Class Relations in a Globalized Age.* Manila: Ateneo de Manila University Press, 2014.

Anderson, Benedict. *The Spectre of Comparisons: Nationalism, Southeast Asia, and the World.*New York: Verso, 1998.

Aquino, Corazon C. "Speech of President Corazon Aquino on Freedom." Delivered at the Kalayaan Hall, 20 January 1987, Malacañang Palace. Speech.

Arroyo, Gloria M. "Ninth State of the Nation Address, July 27, 2009." Delivered at the Batasang Pambansa, Quezon City, 27 July 2009, Congress. Speech.

Bueno, Anna. (2018, August 30). Opinion: Gloria Arroyo and the power to rewrite history. *CNN*. https://cnnphilippines.com/

life/culture/politics/2018/08/30/gloria-macapagal-arroyo-source-essay.html.

Claudio, Lisandro E. *Taming People's Power: The EDSA Revolutions and their Contradictions*. Manila: Ateneo de Manila University Press, 2014.

Dedace, Sophia. (2010, April 12). Arroyo net satisfaction rating hits record low in SWS poll. *GMA News*. https://www.gmanetwork.com/news/news/nation/188209/arroyo-net-satisfaction-rating-hits-record-low-in-sws-poll/story/.

Estrada, Joseph. "First State of the Nation Address, July 27, 1998." Delivered at the Batasang Pambansa, Quezon City, 27 July 1998, Congress. Speech.

Francia, Luis H. *History of the Philippines: From Indios Bravos to Filipinos*. New York: Harry N. Abrams, 2013.

Gerson, Philip. (1998) "*Poverty, Income Distribution, and Economic Policy in the Philippines*." International Monetary Fund Working Paper 98-20.

Hedman, Eva-Lotta E. *In the Name of Civil Society: From Free Election Movements to People Power in the Philippines*. Honolulu: University of Hawaii Press, 2005.

Hutchcroft, Paul. et al. *Mindanao: The Long Journey To Peace And Prosperity*. Singapore: World Scientific Publishing, 2018.

Ileto, Reynaldo C.. "The 'Unfinished Revolution' in Philippine Political Discourse." *Southeast Asia Studies*, 31:1(1993). 62-82.

Iyer, Pico. (1987, January 5). Woman of the Year: Cory Aquino leads a fairy-tale revolution, then surprises the world with her strength. *Times*. http://content.time.com/time/subscriber/article/0,33009,963185-11,00.html.

McCoy, Alfred. et al. *An Anarchy of Families: State and Family in the Philippines*. Madison: University of Wisconsin Press, 2009.

Mendoza, Ronald U., Banaag, Miann S. (2017) "*Dynasties Thrive under Decentralization in the Philippines.*" Ateneo School of Government Working Paper 17-003.

Mogato, Manny. (2008, February 18). Manila's Arroyo described as "evil" in graft probe. *Reuters*. https://www.reuters.com/article/us-philippines-scandal-idUSMAN3603920080218.

Quimpo, Nathan Gilbert. *Contested Democracy and the Left in the Philippines after Marcos*. New Haven: Yale University Press, 2008.

Ramos, Fidel V. "Third State of the Nation Address, July 25, 1994." Delivered at the Batasang Pambansa, Quezon City, 25 July 1994, Congress. Speech.

Philippine inquiry told of government kickback greed (2008, February 9). *The Sydney Morning Herald*. https://www.smh.com.au/world/philippine-inquiry-told-of-government-kickback-greed-20080209-gds0ai.html.

Tadem, Teresa S. E., Tadem, Eduardo C. "Political Dynasties in the Philippines: Persistent Patterns, Perennial Problems." *South East Asia Research,* 24:3(2016). 328-340.

Talabong, Rambo. (2016, June 25). Memorable quotes from past SONAs. *Rappler*. https://www.rappler.com/newsbreak/iq/memorable-quotes-past-state-of-the-nation-address.

Talabong, Rambo. (2016, June 30). Quotable quotes from inaugural speeches of PH presidents. *Rappler*. https://www.rappler.com/newsbreak/iq/notable-quotes-inaugural-speeches-philippine-presidents.

第三部：煉成杜特蒂

艾奎諾的殞落，與杜特蒂的崛起

Ablinales, Patricio N. & Amoroso, Donna J. *State and Society in the Philippines.* New York: Rowman & Littlefield, 2005.

Aquino Jr., Benigno S. (2010, August 22). 'The Filipino is worth dying for.' *The Manila Times.* https://www.manilatimes.net/2010/08/22/special-report/the-filipino-is-worth-dying-for/638146.

Aquino III, Benigno S. "Fifth State of the Nation Address, July 28, 2014." Delivered at the Kalayaan Hall, 28 July 2014, Malacañang Palace. Speech.

Bradsher, Keith. (2014, February 4). Philippine Leader Sounds Alarm on China. *New York Times.* https://www.nytimes.com/2014/02/05/world/asia/philippine-leader-urges-international-help-in-resisting-chinas-sea-claims.html/.

Claudio, Lisandro E. *Taming People's Power: The EDSA Revolutions and their Contradictions.* Manila: Ateneo de Manila University Press, 2014.

Curato, Nicole et al. *A Duterte Reader: Critical Essays on Rodrigo Duterte's Early Presidency.* Ithaca: Cornell University Press, 2017.

Duterte, Rodrigo et al. *The Duterte Manifesto.* Manila: ABS-CBN Publishing, 2016.

Duterte survives 'rape comment', tops Pulse Asia poll (2016, April 26). *Rappler.* https://www.rappler.com/nation/elections/duterte-rape-comment-tops-pulse-asia-april-2016.

Hutchcroft, Paul. et al. *Mindanao: The Long Journey To Peace And Prosperity*. Singapore: World Scientific Publishing, 2018.

Ileto, Reynaldo C. "The 'Unfinished Revolution' in Philippine Political Discourse." *Southeast Asia Studies,* 31:1(1993). 62-82.

Lacorte, Germelina. (2013, June 30). Duterte tells criminals: Leave Davao City vertically or horizontally. *The Philippine Inquirer*. https://newsinfo.inquirer.net/435783/duterte-tells-criminals-leave-davao-city-vertically-or-horizontally.

McCoy, Alfred. et al. *An Anarchy of Families: State and Family in the Philippines*. Madison: University of Wisconsin Press, 2009.

Mendoza, Ronald U., Banaag, Miann S. (2017) *"Dynasties Thrive under Decentralization in the Philippines."* Ateneo School of Government Working Paper 17-003.

Tadem, Teresa S. E., Tadem, Eduardo C. "Political Dynasties in the Philippines: Persistent Patterns, Perennial Problems." *South East Asia Research,* 24:3(2016). 328-340.

Talabong, Rambo. (2016, June 25). Memorable quotes from past SONAs. *Rappler*. https://www.rappler.com/newsbreak/iq/memorable-quotes-past-state-of-the-nation-address.

Talabong, Rambo. (2016, June 30). Quotable quotes from inaugural speeches of PH presidents. *Rappler*. https://www.rappler.com/newsbreak/iq/notable-quotes-inaugural-speeches-philippine-presidents.

Teehankee, Julio C., Thompson, Mark R. "Electing a Strongman." *Journal of Democracy,* 27:4 (2016). 125-134.

六年強人，動盪變局

'Dominguez: PH debt level still manageable.' (2021, June 15). *CNN Philippines*. https://cnnphilippines.com/news/2021/6/15/Dominguez-PH-debt-level-covid-19-vaccine.html

'Duterte in China: Xi lauds 'milestone' Duterte visit.' (2016, October 16). *BBC*. https://www.bbc.com/news/world-asia-37700409

'Duterte says Philippines better off run by dictator if he were not around.' (2018, August 31). *Reuters*. https://www.reuters.com/article/uk-philippines-duterte-idUKKCN1LG0BX

'FALSE: Martial law in Mindanao ended without abuses.' (2020, July 27). *Rappler*. https://www.rappler.com/newsbreak/fact-check/martial-law-mindanao-ended-without-abuses

'Is Rodrigo Duterte paving the way for 'Bongbong' Marcos to succeed him as Philippine president?' (2018, August 16). *South China Morning Post*. https://www.scmp.com/news/asia/southeast-asia/article/2160007/rodrigo-duterte-paving-way-bongbong-marcos-succeed-him

'Philippines President Rodrigo Duterte to stand as vice-president.' (2021, September 8). *BBC*. https://www.bbc.com/news/world-asia-58492921

'Philippines' ODA portfolio hits $30B.' (2021, September 2). *Business World*. https://www.bworldonline.com/philippines-oda-portfolio-hits-30b/

'Roque: No PH-China tension over West Philippine Sea.' (2021, May 18). *CNN Philippines*. https://cnnphilippines.com/

news/2021/5/18/roque-no-tension-west-philippine-sea.html

Australian Institute of Health and Welfare. (2021). *Illicit Drug Use.* Retrieved from https://www.aihw.gov.au/reports/australias-health/illicit-drug-use

Bagayas, Samantha. (2020, September 21). 'Remembering Martial Law, youth groups see history repeat itself under Duterte admin.'*Rappler*. https://www.rappler.com/moveph/youth-groups-see-history-repeat-itself-duterte-administration-martial-law-anniversary-2020

Baldwin, Clare and Marshall, Andrew R.C. (2016, October 18). 'As death toll rises, Duterte deploys dubious data in 'war on drugs''.*Reuters*. https://www.reuters.com/investigates/special-report/philippines-duterte-data

Brennan, David. (2020, August 3). 'Duterte Accuses Doctors of Wanting 'Revolution,' Reimposes Manila Lockdown.'*Newsweek*. https://www.newsweek.com/rodrigo-duterte-accuses-doctors-wanting-revolution-reimposes-manila-lockdown-coronavirus-1522280

Cabato, Regine and de Guzman, Chad. (2018, September 21). '8 things Juan Ponce Enrile, Bongbong Marcos got wrong about martial law.'*CNN Philippines*. https://cnnphilippines.com/news/2018/09/22/Bongbong-Marcos-Juan-Ponce-Enrile-martial-law-video-fact-check.html

Camba, Alvin (2021, Jun 29). 'Two of China's Belt and Road projects reveal a flaw in the G-7 s new global financing plan. '*The Washington Post*. https://www.washingtonpost.com/politics/2021/06/29/two-chinas-belt-road-projects-reveal-flaw-g-7s-new-global-financing-plan/

Cardinoza, Gabriel. (2016, February 10). 'Duterte says Marcos was the brightest of them all.' *The Philippine Inquirer*. https://newsinfo.inquirer.net/763290/duterte-says-marcos-was-the-brightest-of-them-all

Cepeda, Mara. (2019, November 4). 'House drops bill granting Duterte emergency powers vs traffic.' *Rappler*. https://www.rappler.com/nation/house-drops-bill-duterte-emergency-powers-traffic

Dizon, Nikko. (2020, July 31). 'Duterte and his generals: A shock and awe response to the pandemic.' *Rappler*. https://www.rappler.com/newsbreak/in-depth/duterte-shock-and-awe-coronavirus-pandemic-response-generals

Endo, Jun. (2016, October 31). 'Tracing the roots of Duterte's anti-US stance.' *Nikkei Asia*. https://asia.nikkei.com/Politics/International-relations/Tracing-the-roots-of-Duterte-s-anti-US-stance

Esguerra, Darryl John. (2019, February 11). 'Panelo: Duterte endorsing Imee Marcos out of 'gratitude' *The Philippine Inquirer*. https://newsinfo.inquirer.net/1084192/panelo-duterte-endorsing-imee-marcos-out-of-gratitude

Fonbuena, Carmela. (2017, December 27). 'The end of the affair? Duterte's romance with the Reds.' *Rappler*. https://www.rappler.com/newsbreak/in-depth/cpp-rodrigo-duterte-peace-talks

Francisco, Katerina. (2016, September 16). 'LOOK BACK: When the Senate said 'no' to US bases renewal.' *Rappler*. https://www.rappler.com/newsbreak/iq/look-back-senate-no-us-base-renewal-1991

Galvez, Daphne. (2021, August 27). 'Duterte: Gov't may need 'martial law power' to clean up canals, Manila Bay.' *The Philippine Inquirer*. https://newsinfo.inquirer.net/1479493/martial-law-needed-to-clean-up-canals-manila-bay

Gavilan, Jodesz. (2016, September 16). 'From Hawaii to Ilocos Norte: The long journey of Ferdinand Marcos' remains.' *Rappler*. https://www.rappler.com/newsbreak/iq/hawaii-ilocos-norte-ferdinand-marcos-body

Gavilan, Jodesz. (2016, September 19). 'DDB: Philippines has 1.8 million current drug users.' *Rappler*. https://www.rappler.com/nation/drug-use-survey-results-dangerous-drugs-board-philippines-2015

Gavilan, Jodesz. (2021, September 19). 'Duterte to address UN General Assembly as ICC drug war probe begins.' *Rappler*. https://www.rappler.com/nation/rodrigo-duterte-scheduled-speech-united-nations-general-assembly-september-2021

Gomez, Jim. (2020, February 27). 'Duterte says Philippines can survive without America.' *Associated Press*. https://apnews.com/article/asia-pacific-philippines-manila-donald-trump-us-news-1bfa793cecdae8aa5730afbe3c535b4d

Gonzales, Yuji Vincen., (2016, October 20). 'Duterte: Bongbong Marcos could be our new VP' *The Philippine Inquirer*. https://newsinfo.inquirer.net/828171/duterte-bongbong-marcos-could-be-our-new-vp

Gotinga, JC. (2019, December 31). 'After 2 and a half years, martial law ends in Mindanao.' *Rappler*. https://www.rappler.com/nation/martial-law-mindanao-ends-december-31-2019

Gotinga, JC. (2020, February 25). 'Duterte says shun 'petty political differences' but again skips EDSA anniversary rites.' *Rappler*. https://www.rappler.com/nation/duterte-says-shun-political-differences-skips-people-power-anniversary-2020

Gregorio, Xave. (2020, January 23). 'Duterte threatens to terminate VFA if US does not reverse cancellation of Dela Rosa's visa.' *CNN Philippines*. https://www.cnnphilippines.com/news/2020/1/23/Rodrigo-Duterte-Bato-dela-Rosa-visa-Visiting-Forces-Agreement-VFA.html

Hincks, Joseph. (2021, September 15). 'ICC authorises full inquiry into Rodrigo Duterte's 'war on drugs'*Time*. https://time.com/4858028/rolando-espinosa-police-murder-philippines-duterte/

Jalea, Glee. (2016, September 30). 'Marcos pushes for revision of history textbooks: 'You're teaching the children lies''.*CNN Philippines*. https://cnnphilippines.com/news/2020/1/10/Marcos-wants-to-revise-history-textbooks.html

Lasco, Gideon. (2016, October 13). 'Just how big is the drug problem in the Philippines anyway?'*The Conversation*. https://theconversation.com/just-how-big-is-the-drug-problem-in-the-philippines-anyway-66640

Lema, Karen and Morales, Neil J. (2019, March 1). 'Pompeo assures Philippines of U.S. protection in event of sea conflict.'*Reuters*. https://www.reuters.com/article/us-philippines-usa-idUSKCN1QI3NM

Lema, Karen. (2020, June 2). 'Philippines' Duterte U-turns on scrapping of U.S. troop deal.'*Reuters*. https://www.reuters.com/article/us-philippines-usa-defence-idUSKBN2391Q9

Macasero, Ryan. (2020, June 26). 'Cimatu brings in troops as he begins battle vs coronavirus in Cebu City.'*Rappler*. https://www.rappler.com/nation/cimatu-brings-in-troops-battle-coronavirus-cebu-city

Manuel, Pilar. (2021, July 25). 'SONA 2021: The economy under President Rodrigo Duterte.'*CNN Philippines*. https://cnnphilippines.com/business/2021/7/24/SONA-2021-economy-under-President-Rodrigo-Duterte.html

McKirdy, Euan. (2016, September 30). 'Philippines President likens himself to Hitler.'*CNN*. https://edition.cnn.com/2016/09/30/asia/duterte-hitler-comparison/index.html

Mercado, Neil Arwin. (2021, July 26). 'Go to war with China over West PH Sea? It will be a 'massacre', says Duterte.' *The Philippine Inquirer*. https://newsinfo.inquirer.net/1464844/go-to-war-with-china-over-west-ph-sea-it-will-be-a-massacre-says-duterte

Morallo, Audrey. (2017, May 25). 'Duterte praises Marcos' Martial Law as 'very good'.' *The Philippine Star*. https://www.philstar.com/headlines/2017/05/25/1703241/duterte-praises-marcos-martial-law-very-good

Murdoch, Lindsay. (2016, October 16). ''Three of us against the world': Duterte announces 'separation' from the US.' *The Sydney Morning Herald*. https://www.smh.com.au/world/there-are-three-of-us-against-the-world-philippine-president-rodrigo-duterte-announces-separation-from-the-us-20161021-gs7l2x.html

Padilla, Arnold. (2020, July 24). '#UndoingDuterte | Duterte's economic legacy: Crisis worse than pandemic.' *Bulatlat*. https://www.bulatlat.com/2021/07/24/undoingduterte-dutertes-economic-legacy-crisis-worse-than-pandemic/

Quintos, Patrick. (2017, September 11). ''Marcos-friendly' Duterte risking historical revisionism: martial law victim.' *ABS-CBN*. https://news.abs-cbn.com/focus/09/11/17/marcos-friendly-duterte-risking-historical-revisionism-martial-law-victim

Ranada, Pia. (2021, September 27). 'Big majority of Filipinos think Duterte bid for vice president violates Constitution – SWS.' *Rappler*. https://www.rappler.com/nation/elections/most-filipinos-think-duterte-vice-presidential-bid-violates-constitution-sws-survey-june-2021

Ranada, Pia. (2016, November 16). 'Duterte on Marcos burial: Let history judge, I followed law.' *Rappler*. https://www.

rappler.com/nation/duterte-marcos-burial-history-judge

Ranada, Pia. (2021, September 23). 'Duterte rating dives after soaring to record-high – SWS.'*Rappler*. https://www.rappler.com/nation/duterte-satisfaction-rating-sws-survey-november-2020-may-june-2021

Ranada, Pia. (2017, May 24). 'Duterte says his martial law to be similar to Marcos time.'*Rappler*. https://www.rappler.com/nation/duterte-martial-law-no-different-marcos

Ratcliffe, Rebecca. (2017, July 14). 'Duterte Has Brazenly Reinstated 19 Police Who Murdered a Philippine Mayor Last Year.'*The Guardian*. https://www.theguardian.com/world/2021/sep/15/icc-authorises-full-inquiry-rodrigo-duterte-war-on-drugs-philippines

Regencia, Ted. (2021, May 7). 'Nine killed after Duterte's order to 'finish off' communists.'*Al Jazeera*. https://www.aljazeera.com/news/2021/3/7/philippines-deadly-operation-after-order-to-kill-communists

Rey, Aika. (2021, July 20). 'Revise, Revise, Revise: Duterte's Build, Build, Build list evolving up to the end.'*Rappler*. https://www.rappler.com/business/duterte-build-build-build-program-evolving-list-moving-timelines-end-term

Rivas, Ralf and Tomacruz, Sofia. (2021, July 21). 'IN CHARTS: How Duterte's love affair with China shaped the PH economy.'*Rappler*. https://www.rappler.com/business/charts-how-duterte-love-affair-china-shaped-philippine-economy

Santos, Eimer. (2020, September 24). 'Duterte gov't still setting aside arbitral ruling, Palace says.'*CNN Philippines*. https://www.cnnphilippines.com/news/2020/9/24/duterte-UNGA-south-china-sea-arbitral-ruling.html

Subingsubing, Krixia. (2021, July 23). 'Duterte drug war has killed 2 per day, says UP study.' *The Philippine Inquirer*. https://newsinfo.inquirer.net/1463281/duterte-drug-war-has-killed-2-per-day-says-up-study

Sullivan, Michael. (2016, October 16). 'Why Philippine President Rodrigo Duterte Distrusts The U.S..' *NPR*. https://www.npr.org/sections/parallels/2016/10/11/497487363/why-philippine-president-rodrigo-duterte-distrusts-the-u-s

Tomacruz, Sofia. (2020, September 28). 'Duterte threatens to stop Facebook in the Philippines.' *Rappler*. https://www.rappler.com/nation/duterte-threatens-stop-facebook-philippines

Tupas, Emmanuel,.(2021, July 11). 'PNP: Crimes drop by 64% in Duterte's term.' *The Philippine Star*. https://www.philstar.com/nation/2021/07/11/2111641/pnp-crimes-drop-64-dutertes-term

U.S. Department of Health & Human Services. (n.d.). *Illicit Drug Use*. Retrieved from https://www.cdc.gov/nchs/fastats/drug-use-illicit.htm

United Nations Human Rights Council. (2020). *Situation of Human Rights in the Philippines: Report of the United Nations High Commissioner for Human Rights*. United Nations Human Rights Council. https://www.ohchr.org/Documents/Countries/PH/Philippines-HRC44-AEV.pdf

國家圖書館出版品預行編目(CIP)資料

現代菲律賓政治的起源：從殖民統治到強人杜特蒂,群島國追求獨立、發展與民主的艱難路/江懷哲作.-- 初版.-- 新北市：左岸文化出版：遠足文化事業有限公司發行, 2022.04

面； 公分

ISBN 978-626-95885-4-1(平裝)

1.CST: 政治發展 2.CST: 菲律賓

574.391 111004952

特別聲明：
有關本書中的言論內容，不代表本公司／出版集團的立場及意見，由作者自行承擔文責

左岸文化 讀者回函

現代菲律賓政治的起源：
從殖民統治到強人杜特蒂，群島國追求獨立、發展與民主的艱難路

作者・江懷哲｜責任編輯・龍傑娣｜封面設計・徐睿紳｜出版・左岸文化 第二編輯部｜社長・郭重興｜總編輯・龍傑娣｜發行人兼出版總監・曾大福｜發行・遠足文化事業股份有限公司｜電話・02-22181417｜傳真・02-22188057｜客服專線・0800-221-029｜E-Mail・service@bookrep.com.tw｜官方網站・http://www.bookrep.com.tw｜法律顧問・華洋國際專利商標事務所・蘇文生律師｜印刷・通南彩色印刷有限公司｜排版・菩薩蠻數位文化有限公司｜初版・2022年4月｜定價・360元｜ISBN・978-626-95885-4-1